BIG BREAK

——Capital Endogenous VS Leverage Revolution

大破局

——资本内生 VS 杠杆革命

宋光磊　著

经济日报出版社

前言：杠杆云端的地球

天性爱杠杆

公元前330年，古希腊哲学家亚里斯多德在著名的《机械问题》（Mechanical Problems）里，描述了杠杆的使用；同期，著名的杠杆宣言诞生了，“给我一个支点，我就可以撬动整个地球”，著名古希腊科学家、哲学家阿基米德在著作《论平面图形的平衡》中如是说，并给出了几何推论模型。①

其实，人类学会用杠杆，早在旧石器时代就开始了，当时使用棍子去运输猎物；古埃及金字塔的建造少不了滚木杠杆运输、秦始皇陵建造调用了大量的“杠杆起重机”……

直到10世纪，杠杆原理被威尼斯商人应用到金融领域。第一家现代意义上的银行——威尼斯银行，于1171年在这个水边之城成立了，当时的威尼斯，就是今天的纽伦港（纽约、伦敦、香港地区），是欧亚大陆著名的商业和贸易中心。成立之初的目的是为了保证教皇十字军东征的军费预算，由总督维塔勒米歇尔 II 对外发行“强制贷款”，以减轻共和国负担，并提供充足的军饷；利率是4%；注册资本相当于今天的500万美元，直到1797年法国人入侵才停止业务。

500万美元→十字军东征？这就是金融杠杆的魔力，虽然不一定是重要原因，但500万美元的投资，的确得到了完美的回报。

虽然威尼斯银行随着东罗马帝国的衰败而幻灭，人类还是迷上了金融杠杆的魔力，资本VS杠杆的斗争拉开帷幕。银行天生爱杠杆，低息吸收

① 历史资料来源于维基百科，www.wikipedia.org。

储蓄、高息发放贷款，多多益善；银行这个人类历史上最年轻的行业之一，迅速统治了人类经济社会。据估算，截止 2017 年年末，全球银行业总资产约占到全球 GDP 的 110%，银行业早已不是富可敌国，而是富可敌球！

危险的游戏

底线在哪里？杠杆原理运用失败有两点原因：一是支点撑不住；二是杠杆太长而导致断裂。对应到银行身上同样适用：支点就是银行的股本、留存收益等真金白银；杠杆是资产负债表上那些带着漂亮名牌的“创新资产”。一旦某项资产出问题，银行就得拿出资本来吸收损失（现在有了新名词“劣后”），有可能造成资本不够用；而同时其他储蓄者听闻风传，同时跑来取钱转走（挤兑），结果就是造成“失去支点”＋“杠杆断裂”的对银行的“双杀”，银行死期将至。金融是经济的核心，金融杠杆一旦出现问题，具有很强的传染性。每次危机前后，银行家的境遇是差不多的，因为经济总会回来，破产了换家银行还是高薪的银行家；但社会要承担损失，为之前挖下的大坑买单，企业破产、人民失业、股市蒸发、房产暴跌，积累了数十年的社会财富毁于一旦！历史洪流已经多次预警……

20 世纪之前：局部杠杆的折断

1637 年－荷兰，爆发“郁金香躁狂症”

1720 年－英国/法国，爆炸“南海泡沫”和“密西西比泡沫”

1772 年－英国，伦敦房屋贷款危机，20 家重要银行破产

1792 年－美国，银行破产危机

1825 年－英国，银行业破产潮导致的英国经济衰退

1837 年－美国，经济衰退与银行倒闭，导致随后发生了 5 年的衰退

1847 年－英国，与 19 世纪 40 年代末铁路繁荣相关的英国金融市场崩溃

1866 年－英国，“黑色星期五”金融危机

1873 年－美国，5 年大萧条时期开始

1884 年－美国，纽约银行倒闭危机

1890 年 – 英国，巴林银行倒闭危机

1893 年 – 美国，铁路过度建设和铁路融资崩溃，引发了一系列银行倒闭

1893 年 – 澳大利亚，银行业危机

1896 年 – 美国，黄金储备危机和经济衰退

20 世纪——二战前：杠杆的闪电破裂

1901 年 – 美国，纽约证券交易所崩盘

1907 年 – 美国，信贷恐慌，银行倒闭以及导致的经济衰退

1910 年 – 美国，经济恐慌与投资泡沫危机

1910 年 – 中国，上海橡胶股市危机，导致财政亏空和保路运动，然后清政府从湖北出兵镇压，武昌空虚；然后是武昌起义，这是历史上首次经济危机传导为政治危机，乃至政府倒台。

1929 年 – 美国/英国，华尔街爆发的大萧条，并传染到全球，在很长一段时间内，被誉为 20 世纪最大和最重要的经济衰退；但很不幸，没有最大，只有更大。

20 世纪——二战后：传染性的诅咒

1973 年 – 全球发达国家，石油危机和股市崩盘

1974 年 – 英国/德国/美国，银行危机，其中：德国赫斯特塔银行和美国富兰克林国民银行的破产，推动了全球巴塞尔全球银行监管的诞生——去杠杆的革命者终于出现了！

1980 年 – 墨西哥，开始席卷拉丁美洲的国家债务危机

1987 年 – 全球，股市崩盘：黑色星期一，股市历史上最大单日跌幅

1989 年 – 美国，储蓄与贷款危机

1990 年 – 日本，资产价格泡沫崩溃

20 世纪 90 年代初 – 北欧，斯堪的纳维亚银行危机；瑞典银行危机；芬兰银行业危机

1992 年 – 欧洲，欧洲汇率机制对货币的投机攻击

1994 年 – 墨西哥，经济危机 – 投机攻击和墨西哥债务违约

1997 年 – 亚洲，各国货币贬值、内阁倒台、银行破产、房产暴跌，以

及衰退

21 世纪至今——漫长的恢复期，杠杆的冬天

2000 年 - 土耳其，全国经济危机和衰退
2001 年 - 阿根廷，经济危机，时至今日还没完全走出来
2001 年 - 美国，网络泡沫破裂
2007 年 - 冰岛，金融危机和银行破产
2007 年 - 全球，金融“海啸”，雷曼兄弟等一代炼金宗师灰飞烟灭
2010 年 - 欧洲，欧猪国家（PIGS）主权债务危机
至今——一直处于危机，千里冰封、万里雪飘，何日春回大地？[①]

冤魂？一点都不冤：因为人类早就过上了“寅吃卯粮”的日子：信用泛滥、制造消费、量化宽松，“印钞机”被誉为 20 世纪最佳危机解决方案！纸面财富的凶猛扩张，让我们早就忘了把“支点危机”和“杠杆危机”丢到脑后，成为金融杠杆“炼金术”的忠实门徒。据估算，2017 年全球社会债务占全球 GDP 的比重约在 80% -120% 之间；换句话说，辛苦一年全世界 60 亿人口不吃不喝创造的财富加起来，还不够还债的！

地球？飘在杠杆的云端

地球，这个从外太空看最漂亮的星球，彼时正飘在“超级资本杠杆”的云端玩耍……

期间“革命者”也在不停地提出意见，要求银行保持足够的资本要求，并推出 Basel 协议 I、II、III 等一整套国际监管规则，意图挽大厦于将倾。但银行家们通过各种眼花缭乱、琳琅满目的信用互换、增信、证券化、表内转表外、通道业务等所谓的“金融创新产品”，绕过这道本可以保障我们安全的资本监管高墙，利用监管套利来钻空子，疯狂地加杠杆，在黄金、股市、楼市等资产市场上追逐，博取高额利润。然后义正词严地说，金融创造了经济，救黎民百姓于水火，深受百姓爱戴，因为，房价从

① 以上事件来源于各国央行的历史回顾和相关资料，据此进行综合收集整理；如有疏漏，请读者见谅。

10 万涨到了百万，在无数国际大都市，批量创造百万千万的“纸面富翁”，因为他只有一套不会卖的房子。在 20 年间经历两次梦魇般金融危机的我国香港地区，曾经无数人因为楼市崩盘而跳楼自杀的地方，当前香港地区金融监管部门——金管局（HKMA）颁布了最严格的限购信贷政策；但人们还是不会自己觉醒，2017 年 5 月 26 日，在一个很偏僻位置的楼盘，346 套住房被秒杀售罄，单价超过了 2 万美元/平方米；在美国加州、纽约州，出现了学区房，幼儿学区房，代托管房；在日本东京，曾经全球楼市崩盘重灾区，大家也在忙不迭买房子；英国豪华地产代理商 Savills 的最新报告显示，伦敦房价自 2009 年以来飙升了 85%，另根据英国统计局的数据，2016 年 9 月份，英国平均房价为 21.8 万英镑，逐步攀升到历史高位！

企业也参与进来，不搞金融的企业，都不好意思跟别人打招呼；随着全球通信的发达，越来越多的知名企业，其注册地都是开曼群岛、百慕大……，为的就是在全球金融市场兴风作浪！

即便过程中，出现一些小小的违约和不愉快，也丝毫不影响“杠杆门徒”们的信息；因为西方各国政府和央行早已适应了这样的“纸醉金迷”，QE（量化宽松）、借贷便利等新工具源源不断地从央行金库里向市场搬运大量的货币；出现一点点小的偏差，没有关系，因为所有人都已经参与了，疯狂加杠杆——出危机——搬板凳坐等政府救市——印钞机出马——恢复流动性——新一轮加杠杆……

大破局！中国引领全球

但杠杆不是万应灵丹，历史上血淋淋的案例早已验证！过度加杠杆：譬犹疗饥于附子，止渴于鸩毒，未入肠胃，已绝咽喉，岂可为哉！①

随着杠杆越来越长，“印钞机”的边际效应也不明显了：一是老百姓的钱比脸干净，还怎么消费？二是利率近乎为零，欧洲等部分地区甚至长期负利率，刺激消费已经到了极限！三是宽松货币政策让人民的收入一贬再贬，已无退路，在欧美一些国家，现在已经影响到了退休基金和退休人士的保障！四是杠杆越长，时间越长，想卸都卸不下来，骑虎难下效应

① 《后汉书·卷四十八·杨李翟应霍爰徐列传·霍谞传》。

明显。

如此险恶，如何破局？

环顾宇内，还看中国！

要解决历史上累积的加杠杆的恶性环境，特别是21世纪以来的“非杠杆不能为”的经济发展趋势，必须对症下药，正本清源，走创新驱动、鼓励资本内生、把杠杆降到安全区间的道路！

对全球影响力最大的20国集团（G20）于2016年9月份在中国杭州召开各国领导人峰会，以人类社会最高规格和层次的形式，讨论未来全球经济发展和治理的相关问题。在G20杭州峰会发布的《二十国集团领导人杭州峰会公报》6大方面的48条主题中，多达11条都是关于下一步全球金融治理的内容，提出了“建立全球金融安全防控网”“推进国际金融监管改革”“关注金融体系中的新风险和脆弱性”“提高金融透明度”“加强金融法制建设”……目标都跟“过度杠杆”现象以及其引发的金融体系风险直接相关。

2017年5月，在中国北京召开了史上范围最广的一次高层次人类发展盛会——《“一带一路”国际合作高峰论坛峰会》，由中国政府发起，与世界各国共同讨论“一带一路”（The Belt and Road，丝绸之路经济带和21世纪海上丝绸之路）在历史上的空前成功和今天给我们的巨大启发！重走一带一路，促进实体经济，活跃全球贸易，进实避虚，为全球经济注入新的健康活力。银行诞生900多年后，世界上历史最悠久的文明古国跟大家一起重新出发，拉开全球去杠杆的大幕！

目　录

第三篇　求和解

第四篇 大爆发

第五篇 诗和远方

第一篇　大揭秘

揭开“炼金术”的配方——资本杠杆

炼金术是中世纪的一种化学哲学的思想和始祖，是当代化学的雏形。其目标是通过化学方法将一些基本金属转变为黄金，制造万灵药及制备长生不老药。现在的科学表明这种方法是行不通的。但是直到19世纪之前，炼金术尚未被科学证据所否定。包括艾萨克·牛顿在内的一些著名科学家都曾进行过炼金术尝试。现代化学的出现才使人们对炼金术的可能性产生了怀疑。炼金术在一个复杂网络之下跨越至少2500年，曾存在于美索不达米亚、古埃及、波斯、阿拉伯、印度、中国、日本、朝鲜、古希腊和罗马……，然后在欧洲存在直至19世纪。①

1999年，刚刚在亚洲金融危机赚得盆满钵满，被称为“导致国家失败的人”“吸取人民鲜血的经济战犯”的金融投机家乔治·索罗斯（George Soros）出版了《The Alchemy of finance－金融炼金术》……

金融炼金术，就是教你大发金融泡沫才，利用高杠杆搏杀获利的“法术”；次级抵押、衍生品、第三方收益权，这些都只是一个标签而已，想了解真正的配方吗？

---

① 陈国符：《中国外丹黄白考》（上海：上海古籍出版社，1997）。

第一章　威尼斯 to 巴塞尔，被银行统治的全球 900 年

马克思《资本论》对资本的定义：经营工商业、创造剩余价值的生产资料和货币；从汉语的意义上讲，顾名思义，资本就是投资的本钱。银行资本就是银行经营的本钱。伟大的古希腊哲学家、百科式科学家、数学家、物理学家、力学家，静态力学和流体静力学的奠基人，阿基米德曾经豪言“给我个支点，我就能撬起地球”，一个长长的“杠杆”成了生意人世世代代寻求的目标。银行的生意能不能做起来，取决于“支点”，也就是本书讲的资本；但能做多大，就取决于“杠杆有多长”，就是本书讲的资本杠杆。

世间万物都有极限，因此资本的杠杆终究是有极限的；因为，超过一定的长度极限，再坚实的杠杆也终究会被压弯，这时候就是银行兑付危机和破产的来临。因此，在银行经营过程中，要合理地使用好杠杆，既要充分发挥杠杆的长度，让其能带来最大利益的回报，即“适度扩张”；又要注意杠杆的安全，将其限定在“不会折断”的区间内，即“资本约束”。

1171 年威尼斯市政议会为了支持工商企业生产，在这个全球著名的“水城”为数不多的陆地上，建立了一个“国家借放所”，成立世界上第一家银行。由此开始，历代银行人就在“资本约束”VS“扩张冲动”之间摸爬滚打、用尽全力去平衡两者的关系，以获取最大的利益！

历史同样是残酷的，伴随着资本主义经济主导全球，资本的魔法和危害同时显现，1931 年“大萧条”，1979 年“石油危机”，2000 年“网络泡沫”，1997 年“亚洲金融危机”，2007 年“美国次贷危机”，2010 年“欧债危机”，2015 年“中东危机”……每次危机背后，都有资本兴风作浪的身影，危机总会是“资本爆仓”的迸发显现，人类在“资本约束”VS“扩张冲动”之间玩火自焚、损失惨重。

为了最大程度降低这种危机的发生概率，降低危机损失，人们开始联合起来，尝试用一种制度性的方法对“资本约束”VS“扩张冲动”进行科学、合理的描述，使这两者总在人类掌控中产生作用。时间来到1988年的瑞士巴塞尔，距离威尼斯的全球第一家银行诞生600多年后，人类终于找到了一个相对科学合理的“银行体检标准”，用来评价衡量“资本约束”VS“扩张冲动”之间的积极推动和矛盾冲突。这套“最新体检标准”就是日后影响银行现代史30年，时至今日还发挥作用的巴塞尔（Basel）资本监管协议。这套协议从1988年第一版发布，到今天已经发布到了第三版（巴塞尔 III），并正在积极进行资本监管改革，争取发布巴塞尔 IV。

2003年，为了强化专业监管，有效实施分业管控，中国人民银行进行“三会一行”改革，将之前央行内部银行监管部门进行职能归口，整合独立为中国银行业监督管理委员会（简称银监会）。2003年4月28日，银监会挂牌成立，成为国务院直属的正部级事业单位，正式肩负起了按照国际标准——巴塞尔协议，对中国银行业实施有效资本监管的责任，调和“资本约束”VS“扩张冲动”之间的矛盾和间隙，寻求银行资本杠杆的最优解，即杠杆到底多长，资本支点到底多重？

（一）追根溯源：寻找银行健康的“体检密码”

先回到瑞士那个边界小城——巴塞尔！这要源于1515年9月13－14日，在全球时尚之都米兰北部靠近阿尔卑斯山脉的一场战争——马里尼亚诺战役。是役中，曾经称霸中欧的古罗马帝国最精锐部队——瑞士长矛兵①，打了唯一一次，也是最后一次败仗，被代表先进生产力的法兰索瓦一世（Francois I）的野战炮队大败。猛人自然有强悍的性格和宁折不弯的尊严，这帮瑞士长矛兵战败后立即宣布“金盆洗手、退出江湖”，从这一天起，瑞士成了事实上的永久中立地，不再跟其他国家发生大的战争；即便是受到挑衅，这帮曾经的瑞士长矛兵也保持克制，避免战争。

由于中立国的身份，国家间协调和协作的国际组织开始逐步大量入

---

① 瑞士长矛兵：在15世纪末到16世纪瑞士长矛兵在战场上的表现令人印象深刻。1445年到1515年中瑞士长矛兵是战无不胜的，哈布斯堡，勃艮地，施瓦本联盟，阿拉贡和法国的军队一一败在瑞士人的手下，长矛兵的声望达到了顶峰。

驻。1930 年 5 月 17 日，巴塞尔协议的奶奶辈——国际清算银行（Bank for International Settlements，缩写 BIS），也跟随当时的世界潮流，在这个瑞士边境小城成立了。国际清算银行比国际货币基金组织、世界银行、亚洲开发银行、亚投行……成立得都早，是名副其实的世界上第一个国际金融组织，致力于国际货币政策和财政政策合作，总部位于瑞士巴塞尔，另有两个办事处位于香港地区及墨西哥城。

1974 年，国际清算银行成立了巴塞尔银行监督委员会①（简称“巴塞尔委员会”，Basel Committee on Banking Supervision，BCBS），负责推进全球金融改革和国际金融监管，并针对当时出现的第一次银行危机，开始了寻找银行健康“体检密码”的探索。幸运的是，经过 14 年的摸索，1988 年，巴塞尔委员会终于发布了巴塞尔资本协议（简称巴塞尔 I），提出了评价银行的最核心标准——资本充足率。更重要的是，这是全球金融历史上第一个被超过 10 个国家认可的标准，是当时真正的国际标准。当时经济规模占全球经济总量超过 70% 的世界上最强大的 G10 集团②均采用了巴塞尔 I 的标准，使用“资本/风险计算资产”这个比率来作为评判银行的核心标准。

1997 年 9 月，巴塞尔委员会发布《有效监管原则核心标准》（Core Principles for Effective Banking Supervision），巴塞尔协议的落实和执行，使其被正式确定为国际银行监管的核心标准，资本充足率指标成为评价银行质量的最重要指标。

【专题 1：有效监管原则核心标准】

原则 6：银行监管机构必须对所有银行制定审慎适当的最低资本充足

---

① 巴塞尔银行监管委员会（Basel Committee on Banking Supervision）简称巴塞尔委员会，巴塞尔银行监管委员会原称银行法规与监管事务委员会，该委员会是由美国、英国、法国、德国、意大利、日本、荷兰、加拿大、比利时、瑞典 10 大工业国的中央银行于 1974 年底共同成立的，是国际清算银行的一个正式机构，以各国中央银行官员和银行监管当局为代表，总部在瑞士的巴塞尔。按照巴塞尔委员会的章程，每年定期集会 4 次，并拥有近 30 个技术机构，执行每年集会所订目标或计划。资料来源：www. bis. org 。

② G10（Group of Ten），又称为 G－10 或十国集团，由一群共同参与一般借款协定（GAB）的国家所组成的团体。一般借款协定设立于 1962 年，内容主要为由当时国际货币基金组织（IMF）的八国政府及德国、瑞典的两国央行共同筹募一笔 60 亿美元信用额度的紧急基金，作为 IMF 与 G10 各国间的预备信用（Stand－by Credit），当 IMF 的会员处理紧急事件而资源不足时，可向 G10 各国依市场利率借入此基金。之后瑞士于 1964 年加入，但 G10 的名称仍维持不变。

率要求。这些要求应反映银行承担的风险，并且必须确定资本成分，并考虑到其吸收损失的能力。至少对于国际活跃的银行来说，这些要求不能低于“巴塞尔资本协议”及其修正案所规定的要求。

股本资本有几个目的：为股东提供永久的收入来源，为银行提供资金；可以承担风险并吸收损失；为进一步发展提供了基础；给股东理由，确保银行以安全健康的方式进行管理。最低资本充足率对于降低银行存户、债权人和其他利益相关者的损失风险是必要的，并帮助监管者追求银行业的整体稳定。监事必须制定审慎适当的最低资本充足率要求，鼓励银行以超过最低限额的资本经营。监事应根据银行的特定风险状况，考虑要求高于最低资本比率，或者银行财务状况的资产质量，风险集中度或其他不利特征存在不确定性。如果一家银行的比例低于最低水平，银行监管机构应确保有切实的计划及时恢复最低水平。监事也应考虑在这种情况下是否需要额外的限制。

1988 年，巴塞尔银行业监督委员会成员国同意确定银行资本充足率的方法。许多其他国家采取了“资本协议”或非常接近的一个方面。“协议”涉及银行活动的两个重要因素：(1) 资产负债表固有的不同级别的信用风险，(2) 表外活动，可能是重大风险敞口。

“协议”界定了什么类型的资本可以接受监督的目的，并强调需要适当水平的“核心资本”(该资本被称为一级资本)，由永久股东权益和已披露的准备金组成或通过留存收益或其他盈余（例如股票溢价，留存利润，一般准备金和法律规定的储备金）进行维持。披露的储备金还包括符合以下标准的普通资金：(1) 资金的分配必须由税后留存收益或税前收入调整为所有潜在的税务负债；(2) 资金和移入或移出的行为必须在银行公布的账户中单独披露；(3) 必须向银行提供资金以应付损失；(4) 损失不能直接计入资金，而是必须通过损益表进行。“协议”还承认其他形式的补充资本（简称二级资本），如其他形式的储备金和混合资本工具，应纳入资本计量制度。

协议根据广泛的相对风险类别将风险权重分配给表内和表外风险敞口。权重框架尽可能简单，仅使用五个重量：0%，10%，20%，50%和 100%。

“协议”规定了与风险加权资产相关的 4% 一级资本和 8%（一级加二

等级）资本的国际活跃银行的最低资本比要求，这些要求合并适用于银行。这些比率被认为是最低标准，许多监管机构需要更高的比率，或应用比“协议”规定的更严格的资本定义或更高的风险权重。

资料来源：国际清算银行，巴塞尔委员会，www. bis. org。

2004 年 6 月，为确保银行远离风险，建立风险与损失匹配的定价机制，巴塞尔委员会发布了《巴塞尔新协议》（简称巴塞尔 II）。主要目的是解决三个问题：（1）确保资本配置风险敏感度更强；（2）加强披露要求，使市场参与者能够评估机构的资本充足率；（3）确保信用风险、操作风险和市场风险可量化，减少监管套利。为达成该目标，提出了包括最低资本要求、监督检查和市场纪律的三大支柱。

从实施范围看，自 2007 年起，世界主要经济体陆续推进巴塞尔 II 的实施进程，部分发展中国家也在努力推进过程中。

人算不如天算！2007 年，飞来横祸的美国次贷危机（Subprime crisis）完全打乱了巴塞尔委员会的计划，这场旷日持久的人类金融史上的“大灾难”，让之前给大家感觉固若金汤的巴塞尔监管协议不堪一击，迅速从美国爆发，并向全球迅速蔓延，直接扩展到整个欧洲和部分新兴经济体。

巴塞尔委员会陷入一片混乱，在 G20 的直接领导下，危机爆发后便开始着手研究更严格的资本约束框架。2010 年 12 月，经 G20 首尔峰会①通过《巴塞尔协议 III：更有弹性的银行和银行体系的全球监管框架》，巴塞尔协议 III 闪电问世，彼时距离危机期间全球老牌投资银行——雷曼兄弟②倒闭还不到 2 年，堪称最“速度”的巴塞尔协议。

时任巴塞尔委员会主席，荷兰银行总裁魏霖克（Wellink）先生，描述了“巴塞尔协议 III 框架”是“有助于保护金融稳定和促进可持续经济增长的里程碑式成就，全球流动性框架下，银行资本水平越高，将会大大降低银行业危机的可能性和严重程度”的重要意义。巴塞尔协议 III 规定了更高质量的资本，更好的风险覆盖率，引入杠杆率作为对风险要求的支

---

① 2010 年二十国集团首尔峰会是 20 国集团领导人之间的第 5 次高峰会，在 2010 年 11 月 11－12 日在韩国首都首尔举行，本次峰会的主题是“20 国集团在世界金融危机后的角色”。

② 2008 年 9 月 15 日，在美国财政部、美国银行及英国巴克莱银行相继放弃收购谈判后，雷曼兄弟公司宣布申请破产保护，负债达 6130 亿美元。雷曼兄弟的破产被认为是 2007 年－2008 年环球金融危机失控的标志。

撑，促进在压力时期下调资本积累的措施，以及引入两项全球流动性标准。

（二）转向东方：中国特色的资本监管之路

在国际巴塞尔协议推进风生水起的形势下，伴随着中国经济国际化提速，中国越来越多地参与国际经济和贸易活动，从 1978 年改革开放时我国国内生产总值（GDP）① 仅占全球 GDP 的 1.75%，到 2016 年年末升到 15.91%，预计 2017 年年末进一步上升至 17.04%，跃居全球第二大经济体，成为全球经济金融事务的最核心参与者。

如果按照世界银行按购买力平价（PPP）计算的 GDP② 计算，自从 1930 年以来，美国一直位居全球第一，直到 1990 年中国改革开放 12 年后，中国仍然几乎相当于美国的六分之一，但随着中国经济的迅猛增长，到 2013 年，中国达到 16.8 万亿美元，力压美国（16.7 万亿美元），成为近百年来第一个终结美国经济全球霸主地位的国家，到 2014 年、2015 年、2016 年，中国分别领先美国 9000 亿美元、18000 亿美元，28000 亿美元，领先优势进一步扩大。

在全球范围内，中国已经成了至少是与美国并驾齐驱的超级大国。世界银行的“经济战略地图”将中国和美国作为最顶级的经济体，放在引导全球人类发展的领导战略位置，对世界经济发展具有决定性作用。

相应地，中国银行业也经历了一个从封闭破败到开放强大的过程，对这些银行按照国际监管标准进行有效监管，成了中国政府必须推进的一项重要工作。20 世纪最后 10 年，随着当时西方国家的经济蓬勃增长，银行补充了大量的资本，资本充足率水平平稳攀升，有助于吸收损失；同时，

---

① GDP（现价美元），即以购买者价格计算的 GDP 是一个经济体内所有居民生产者创造的增加值的总和加上任何产品税并减去不包括在产品价值中的补贴。计算时未扣除资产折旧或自然资源损耗和退化。数据为现价美元。GDP 的美元数据采用单一年份官方汇率从各国货币换算得出。对于官方汇率不反映实际外汇交易中所采用的有效汇率的少数国家，采用的是替代换算因子。

② 按购买力平价（PPP）计算的 GDP 是指用购买力平价汇率换算为国际元的国内生产总值。国际元的购买力与美元在美国的购买力相当。GDP 是一个经济体内所有居民生产者创造的增加值的总和加上产品税并减去不包括在产品价值中的补贴。计算时未扣除资产折旧或自然资源损耗和退化。数据以现价国际元计。

在中国等新兴经济体，政府出面，通过注资、改革重组、强化监管等举措，帮助银行体系的恢复。但从资本充足率的量上看，中国银行业虽然普遍经历“破产——剥离——增资”三步曲，甚至引入战略投资者、IPO，资本实力得到长足进步，但距离国际水平还有差距①。

2003 年，为了强化专业监管，有效实施分业管控，中国人民银行进行“三会一行”改革，将之前央行内部银行监管部门进行职能归口，整合独立为中国银行业监督管理委员会（简称银监会）。2003 年 4 月 28 日，中国银监会挂牌成立，成为国务院直属的正部级事业单位，正式肩负起了按照国际标准——巴塞尔协议，对中国银行业实施有效资本监管的责任。

在综合考虑我国商业银行风险管理水平、国际化程度差别显著等的现实情况后，银监会制定了“两步走”和“双轨制”的实施新资本协议的策略：（1）颁布《商业银行资本充足率管理办法》②，执行 1998 年的巴塞尔协议。（2）帮扶有条件银行，逐步推广巴塞尔 II 协议。

随着巴塞尔协议Ⅲ颁布，中国银监会及时推出了包括资本要求、杠杆率、拨备率和流动性要求方面在内的“四大工具”，及时进行了跟进，构成了未来一段时期中国银行业监管的新框架。这被业界称为中国版“巴塞尔Ⅲ”。根据国务院第 207 次常务会议精神，6 月 8 日，中国银监会发布《商业银行资本管理办法（试行）》（以下简称《资本办法》），并于 2013 年 1 月 1 日起实施。该《办法》分总则、资本充足率计算和监管要求、资本定义、信用风险加权资产计量、市场风险加权资产计量、操作风险加权资产计量、商业银行内部资本充足评估程序、监督检查、信息披露、附则 10 章 180 条，自 2013 年 1 月 1 日起施行。

【专题 2：中国银监会关于《商业银行资本管理办法（试行）》的官方介绍】

2011 年以来，银监会认真借鉴国际金融监管改革的成果，结合我国银

① 原中国人民银行行长戴相龙指出 1999 年银行坏账比例高达 25%（数据引自 2001 年 1 月 17 日戴相龙答记者问，http：//news. cnfol. com/060615/101，1594，1884200，00. shtml）。

② 2004 年 3 月中国银监会颁布并开始实施《商业银行资本充足率管理办法》，标志着中国比较完整的审慎监管规章制度体系的初步形成。该办法以 1998 年巴塞尔协议为基础，提出了中国巴塞尔协议实施的具体时间表。该办法规定，2007 年 1 月 1 日前，在中国境内的商业银行必须达到 8% 的资本充足率和 4% 的核心资本充足率要求。

行业的实际情况，着手起草《资本办法》，不断丰富完善银行资本监管体系。起草过程中，银监会认真考虑了当前复杂多变的国内外经济环境和银行业实际情况，多次公开征求意见，并对实施新监管标准可能产生的影响进行了全面评估，对《资本办法》的内容进行了慎重调整，构建了与国际新监管标准接轨并符合我国银行业实际的银行资本监管体系。《资本办法》分别对监管资本要求、资本充足率计算、资本定义、信用风险加权资产计量、市场风险加权资产计量、操作风险加权资产计量、商业银行内部资本充足评估程序、资本充足率监督检查和信息披露等进行了规范。

《资本办法》主要体现了以下几方面要求：

一是建立了统一配套的资本充足率监管体系。《资本办法》参考巴塞尔 III 的规定，将资本监管要求分为四个层次：第一层次为最低资本要求，核心一级资本充足率、一级资本充足率和资本充足率分别为 5%、6% 和 8%；第二层次为储备资本要求和逆周期资本要求，储备资本要求为 2.5%，逆周期资本要求为 0 – 2.5%；第三层次为系统重要性银行附加资本要求，为 1%；第四层次为第二支柱资本要求。《资本办法》实施后，正常时期系统重要性银行和非系统重要性银行的资本充足率要求分别为 11.5% 和 10.5%。多层次的资本监管要求既体现了国际标准的新要求，又与我国商业银行现行的资本充足率监管要求基本保持一致。

二是严格明确了资本定义。《资本办法》根据国际的统一规则，明确了各类资本工具的合格标准，提高了资本工具的损失吸收能力。

三是扩大了资本覆盖风险范围。《资本办法》确定的资本覆盖风险范围包括信用风险、市场风险和操作风险，并明确了资产证券化、场外衍生品等复杂交易性业务的资本监管规则，引导商业银行审慎开展金融创新。

四是强调科学分类，差异监管。《资本办法》根据资本充足率水平将商业银行分为四类，对满足最低资本要求但未达到其他层次资本要求的商业银行进行细分，明确了对各类银行的相应监管措施，提升资本约束的有效性。同时，按照审慎性原则重新设计各类资产的风险权重。下调小微企业贷款和个人贷款的风险权重，引导商业银行扩大小微企业和个人贷款投放，更有效地服务实体经济。下调公共部门实体债权的风险权重，适度上调商业银行同业债权的风险权重。

五是合理安排资本充足率达标过渡期。《资本办法》将于 2013 年 1 月

1 日开始实施，商业银行应在 2018 年年底前全面达到《资本办法》规定的监管要求，并鼓励有条件的银行提前达标。同时，《资本办法》设置了资本充足率过渡期内的分年度达标目标。

资料来源：中国银监会，www. cbrc. gov。

（三）崛起与挑战：中国经济催生银行资本“巨人”

在中国经济巨大“引擎”的助推下，作为经济金融的核心参与者，中国银行业不可避免地在其中要发挥重大作用，进行了广泛而深刻的金融体系和银行改革。1978 年改革开放之后，最先改革的是银行专业化运作；1984 年，中国人民银行原内设的工商信贷局独立出来，成立了当时全国最大的专业银行——中国工商银行，与原有的中国农业银行、中国银行、中国人民建设银行，并称为“四大行”，作为全国四家最大的国有垄断银行，在改革中不断壮大，迅速扩大了资本实力。

随着社会主义市场经济改革和各要素市场的不断完善，以“四大行”为首的中国银行业在 20 世纪 90 年代普遍陷入了“技术性破产”的窘境。究其原因是多种多样的，如政企不分、政策支持、风险自主权不够、市场环境变化等，但这也是从计划体制下的国有政策导向银行向市场体制下的市场导向银行转变的必然过程。中国人民银行研究局在 2002 年下半年的一个调研报告显示，国有银行不良资产形成的原因中有 80. 7% 是渐进改革成本的转移造成的，具体原因包括红头文件、企业政策性关停并转、国有企业经营不善、地方政府不当干预等。

21 世纪初，全球最大规模的银行资本扩张在中国上演：（1）扩大股本：留存利润、减免税款等，再加上财政部以外汇储备出资充实股本；（2）成立四大资产管理公司定向债券，来剥离大量的不良资产；（3）以央票等金融工具置换不良资产。

由于我国国有银行为主的银行体系的“国有属性”，因此上述路径在一定程度上可以看作是近似一种“内生”的资本扩张渠道。除此之外，中国银行业还经历了外生为主导的一波资本壮大的历程。主要路径包括：（1）推进股份制改造，引入战略投资者；（2）采取 IPO 上市等方式开展多渠道直接融资。

增资扩股	资产置换	收购不良
·原有资本金、利润、税收减免等核销损失类不良贷款，并用外汇储备补充因核销而下降的资本金。 ·2004年1月在中行和建行两行共约1970亿元损失类贷款全部用中央财政原有的所有者权益冲销后，两行各获得225亿元美元的外汇注资。 ·工行于2005年4月获得150亿美元的外汇注资，之前其776亿元可用财务资金用于核销损失类贷款。 ·2004年年末建行获国家补充款项654.99亿元，补充款项来自汇金公司分红的返还和国家所得税的税收优惠。	·发行由中央财政担保的金融债券与国有银行不良贷款进行资产置换。 ·1999-2000年，四大国有资产管理公司向国有银行发行由中央财政担保的10年期金融债券8200亿元以收购不良资产。 ·2005年4月工行2460亿元不良资产置换成等价的金融债券后划归财政部和工行共管基金账户，并委托给华融进行处置。	·中央银行发行再贷款或央行票据以置换国有银行的不良资产。 ·1999-2000年，四大国有资产管理公司用5739亿元央行再贷款按账面价值收购国有银行不良资产。 ·2005年6月工行4590亿元可疑类贷款按账面价值置换为央行票据，再以账面价值的26.38%的平均中标价出售给四大资产管理公司，由此央行承担了73.62 %的成本。

图表1　国有银行21世纪初资本扩张路径示意图

【专题3：国有银行引进战略投资者和IPO上市】

中国建设银行股份制改革和IPO

2004年9月，建行进行股份制改革，由汇金公司、中国建投、宝钢集团、国家电网和长江电力共同发起设立股份公司，注册资本为1942.3025亿元。2004年9月15日，中央汇金投资有限责任公司、中国建银投资有限责任公司、国家电网公司、上海宝钢集团公司和中国长江电力股份有限公司在京召开会议，决议共同发起设立中国建设银行股份有限公司。中国建设银行将由国有独资商业银行改制为国家控股的股份制商业银行。

2005年9月，美国银行和新加坡淡马锡控股（私人）有限公司的全资子公司亚洲金融控股私人有限公司完成了所购中央汇金投资有限责任公司持有的中国建设银行股份的首次交割。交割完成后，美国银行和亚洲金融控股私人有限公司分别持有中国建设银行9.0%和5.1%的股份。2005年10月，建行成功在香港联交所市场上市，募集资金725.5亿元人民币，注册资本和实收资本增加为2246.89084亿元。成为国有商业银行中首家上市的银行。

邮政储蓄银行引进战略投资者

2015年12月，邮政储蓄银行在综合考虑战略协同、交易价格、财务实力、品牌影响力等因素的基础上，引进 10 家战略投资者，包括 6 家国际知名金融机构：瑞银集团、摩根大通、星展银行、加拿大养老基金投资公司、淡马锡、国际金融公司；2 家大型国有企业：中国人寿、中国电信；2 家互联网企业：蚂蚁金服、腾讯公司。

此次战略引资采取新股发行方式，引进的战略投资者数量多、类型广、合作领域宽，共募集资金 451 亿元，发行比例 16.92%，是中国金融企业单次规模最大、近 5 年来总体规模最大的股权融资。

截至 2017 年 5 月底，中国银行业已经在境内外上市 37 家，其中，在内地和香港两地以“A + H”模式上市的 8 家[①]；在内地一地上市“A”17 家；在香港一地上市“H”12 家。在此过程中，中国银行业的资本获得极大补充。

从国际实施巴塞尔资本监管框架的路径看，巴塞尔资本约束对于银行的扩张行为肯定是有影响的。主要有两个方面：（1）提高风控能力，降低系统性风险；（2）影响产品和经营决策，让商业银行必须在一定程度上压抑“扩张冲动”。伯南克（Bernanke）（1991）和罗森格伦（Rosengren）（1995）认为，美国 FRB 宣布实施巴塞尔 I 协议后，由于银行普遍采取紧缩贷款的产品经营决策，以满足 8% 的资本底线合规要求，引起了当时经济一定程度的衰退。

近年来，在中国经济快速崛起的强大助推下，中国银行业资本实力大大增长。但这种增强对于过度风险是否起到了真正的抑制作用？资本内生到底有没有战胜杠杆炼金术？先看看“中国式资本补充”的特点：

1. 重外源，轻内生。

2000 年以来，是中国银行业资本扩张走上快车道的时期。可以分成两个阶段。2000 – 2010 年，政策性补充占上风，资本补充主要依赖坏账剥离、政府注资、引进战略投资者、上市融资、中国式“QE”[②] 等政策性外部融资渠道。2010 – 2016 年，市场化补充占主要，资本补充主要依赖上市

---

① “A + H”是既作为 A 股在上海证券交易所或深圳证券交易所上市又作为 H 股在香港联合交易所上市的股票。

② 中国版 QE，是指类似美国版 QE 的简称，主要是指 2008 年金融危机后，中国人民银行采取的一系列量化宽松的货币政策。

和发行各类债务和权益工具。与此同时，中国银行业的利润增长降速，支付宝、微信支付为代表的互联网金融等新生业态的涌现，进一步扩展了传统银行的业务空间，迫使银行做出“改变”①，2016 年年底银行全面取消了汇款手续费等传统业务收费；中国银行业资本内生积聚的动力不足。中国央行周二表示，截至 3 月底，海外实体持有国内债券 8302 亿元（约合 1260 亿美元），高于上月的 8153 亿元。

【专题 4：2014 年中资银行发债补血风波】

2014 年 8 月 4 日，中国工商银行发行 200 亿元 10 年期固定利率债券补充二级资本

2014 年 8 月 8 日，中国银行发行 300 亿元 10 年期固定利率债券补充二级资本

2014 年 8 月 15 日，中国建设银行发行 200 亿元 10 年期固定利率债券补充二级资本

2014 年 8 月 15 日，中国农业银行发行 300 亿元 10 年期固定利率债券补充二级资本

……

半个月内，四大行扎堆发债颇为罕见。据 Wind 统计，包括建行、农行将发行的债券在内，今年以来已挂网公示发行公告文件的商业银行二级资本债券合计达 19 只，发行总额达 2134 亿元，已接近 2012 年 2240.20 亿元的全年发行规模。历史上商业银行次级债券发行量峰值出现在 2011 年，为 3132 亿元，其次为 2009 年的 2681 亿元。不过，仅就前八个月来看，今年商业银行次级债券发行规模已处在历史同期最高位附近。

目前商业银行发行的二级资本债，被视为旧式次级债的升级版，主要增设了减记条款等内容，部分债券还设置有本息递延支付或利率跳升及其他赎回激励机制。银监会在 2012 年 6 月发布的《商业银行资本管理办法（试行）》中，对银行资本提出了更高的监管要求，重要内容便是从今年起发行的次级债券必须含有减记或转股条款，否则将被视为不合格资本工具，无法计入监管资本，从而不能起到提高资本充足率的作用。

---

① 2008 年，阿里巴巴集团主席马云在接受采访时豪言：“如果银行不改变，我们就改变银行。”

2013 年 1 月 1 日起，《资本办法》开始实施。不过，由于诸多原因，去年商业银行次级债券发行额仅为 17 亿元。在沉寂一年后，今年以来银行再度掀起发行次级债券的浪潮，凸显出商业银行正面临日益加重的资本补充压力。

去年，工、农、中、建四大行曾先后披露了各自的新型资本工具融资计划，计划发行总额接近 2900 亿元。在股权融资面临较大市场压力的背景下，预计发行二级资本债券仍将是商业银行补充资本来源的重要渠道。

资料来源：2014 年 8 月 13 日，中国证券报。

2. 重消耗，轻管理。

从各家银行的资本比率历史变动看，几乎各家银行资本比率水平均经历了上升下降的循环过程，通过政策性的补充资本渠道、发行债务工具，银行当年资本比率上升，但接下来又会出现下降，直到提供新的补充资本渠道或采取上市等其他的融资方式。以上特征说明现阶段我国大多数商业银行的资本管理意识不足、资本管理的目标单一、资本管理的短期行为严重、资本管理的技术手段较为落后。未来随着国内商业银行公司治理结构的完善和风险管理能力的提高，资本约束对商业银行资产组合行为具有怎样的影响，在面临资本损失冲击时商业银行具有怎样的资产组合调整能力，特别是面临利率市场化全面放开、互联网金融风起云涌、宏观经济进入新常态的 L 型底部、中央银行资产负债表进入“缩表”区间，银行如何对资本实施有效直接的资本管控，而不再是浮在表面上的数字游戏，这些亦是我们需要考量的重要问题。

【专题 5：如何理解所谓央行“缩表”】

近年来全球范围内对央行资产负债表的关注度上升，与国际金融危机后主要发达经济体央行较多运用资产负债表等非常规货币政策工具有关，尤其是在近期全球经济形势有所好转的大环境下，部分经济体逐步退出“量化宽松”政策，美联储也开始考虑“缩表”问题，各方面对央行资产负债表的关注度进一步上升。但较之发达经济体央行，影响我国央行资产负债表变化的因素更加复杂，不宜简单类比。由于外汇储备很少、加之基本不使用准备金工具，发达经济体央行的资产负债表相对较为简单，其资产方主要是央行购买的政府债券等各类资产，负债方则主要是基础货币（法定准备金很少，多为超额准备金）。我国央行资产负债表则更为复杂，资产方不仅包括对其他存款性公司债权等，更大块头的是外汇占款。长期以来，人民银行资产负债表变化受外汇占款影响很大。2014 年之前的较长一段时间，我国面临国际收支大额双顺差，央行外汇储备持续增加，并对应准备金以及央票的相应增长，人民银行资产负债表相应扩张较快。2014 年下半年以来，随着国际收支更趋平衡，外汇占款总体呈现下降态势，央行“缩表”的情况也开始增多。2015 年人民银行资产负债表曾收缩约 2 万亿元，2016 年 3 月末较 1 月末也收缩了约 1.1 万亿元。这两次“缩表”，都是在外汇占款下降的大背景下发生的，同时也与降低准备金率有关。2015 年全年 5 次普降准备金率，2016 年 3 月份也曾降准。与开展公开市场操作等具有“扩表”作用不同，降准只改变基础货币结构不增加基础货币总量。但降准后商业银行法定准备金会转化为超额准备金，具有投放流动性的作用，随着商业银行动用这部分流动性，超额准备金也会相应下降，由此产生“缩表”效应。降准还容易引起预期变化从而加剧外汇流出。在外汇占款减少和降低准备金率相互叠加、互相强化的情况下，更容易出现央行“缩表”的现象。

2017 年第一季度央行再度出现“缩表”，2 月和 3 月末人民银行资产负债表较 1 月末分别下降了 0.3 万亿元和 1.1 万亿元。这一次的所谓“缩表”在外汇占款下降这一大背景不变的情况下，主要与现金投放的季节性变化及财政存款大幅变动有关。具体来看：

现金投放的季节性波动是 2 月份“缩表”的重要原因。从机理上看，现金发行增加会减少银行体系流动性（超额备付金），需要央行相应给予补充，由于现金发行和超额备付都记在央行资产负债表中的基础货币项下，由此会导致央行“扩表”。节后现金回笼，会补充银行体系流动性，由此央行可以相应减少流动性投放，表现为其他存款性公司债权的减少，从而出现春节前央行“扩表”而节后“缩表”的现象。2017 年春节恰巧在 1 月末，春节前现金大量投放，当月现金发行增加 2.2 万亿元，若不考虑其他因素会导致央行相应“扩表”；春节后的 2 月份现金回笼 1.7 万亿元，若不考虑其他因素则会导致央行相应“缩表”。与往年不同的是，2017 年央行通过临时流动性便利（TLF）在春节前提供了部分流动性支持，TLF 工具在基础货币总量基本稳定的情况下，通过调整基础货币结构满足了现金需求。因此，2017 年 1 月份基础货币扩张幅度不大，2 月份现金回笼的影响也相对较小，当月基础货币仅下降 0.5 万亿元，加之 2 月份财政存款增加了 0.2 万亿元，部分对冲了现金回笼的影响，由此 2 月份央行“缩表”仅 0.3 万亿元。此外，财政支出加快也是 3 月份“缩表”的重要原因。

资料来源：2017 年 5 月 12 日，中国人民银行《2017 年第一季度中国货币政策执行报告》。

由于银行的产权结构与治理结构、货币政策与银行监管的相对分离等特殊性，资本监管对于银行的杠杆组合影响机制如何，影响效果多大？如何准确评价一家银行的资本实力？目前最普遍的工具——资本充足率，也被认为是银行最核心的管理指标，涉及各层级、各产品业务线，堪称银行“管理之巅”。在金融监管的重心向风险监管转变、机构性监管向全面风险监管转变的过程中，要实施有效的资本结构监管。资本充足率，即资本结构指标是对银行资本情况进行研究的核心要素，我们后面将从资本结构指标入手，分析大破局的形势下，银行资本内生和杠杆之间互相作用机制。

第二章　再回首：昂贵的学费

在开始之前，我们再次回到貌似枯燥的历史事件中。20 世纪 70 年代开始，经济学家将管制理论运用到银行领域，并逐步取得了共识。他们认为，在追逐论、社会利益论及管制新论三种最有影响的管制理论当中，“捕获论”（The Capture Theory）将管制者与被管制者视为博弈中的猫与鼠，最终是管制对被管制者有利，因而主张放弃管制。这种理论显然忽视了社会公众能从管制中受益的事实；“管制新论”（The New Economic Theory of Regulation）则将管制视为管制集团与被管制集团间锱铢必较的政治程序，是被管制集团提出要求、管制集团满足这种要求并从中获利的一种商品。由于管制这一商品供求双方的数量函数难以确定，因而降低了这一理论的实践价值；只有“社会利益论”（The Public Interest Theory）最具理论和实践意义。该理论将管制视为消除或减少市场破产成本进而保护公众利益的手段，市场破产成本根源于自然垄断、外部效应及信息的不对称。与前两种理论明显不同的是，这种理论既找到了管制的依据，也明确了管制的意义和努力方向。

为什么经济学家会凭空想象出这些理论，并精准地放在银行监管理论里面呢？因为当时人们正在为一场血淋淋的银行破产而缴纳高昂的学费。

【专题 6：联邦德国赫斯塔特银行破产案例】

赫斯塔特银行（Bankhaus ID Herstatt KGaA）是德国科隆市的一家私人银行。1974 年，赫斯塔特银行破产是国际金融的标志性风险事件。赫斯塔特银行成立于 1955 年，由伊万·戴维·赫斯塔特（Ivan David Herstatt）创立，多数资产由保险公司负责人汉斯·格林（Hans Gerling）所拥有。到 1974 年，该银行的资产超过了 20 亿迪拉姆，成为联邦德国第 35 大银行。

赫斯塔特银行成为外汇市场的重要参与者。在1973年和1974年期间，美元经历了巨大的波动。该银行在美元走向上错误的投注，使得其到1974年6月已经累计亏损4.70亿雷亚尔，而其资本只有4400万丹麦克朗。

1974年6月26日，德国监管机构命令陷入困境的赫尔斯塔特银行立即清盘。那天，已经有多家银行已经完成了与这家德国银行的货币清算，即通过该银行在法兰克福外汇市场，将这些银行的德国马克换成美元，然后打款到美国纽约。然而，造化弄人，赫尔斯塔特银行是在德国当地时间16:30关闭的，这个时候的纽约刚好是上午10:30。由于时区的差异，最终这笔应该从赫尔斯塔特银行汇到美国的美元未能到账，这样一来，赫尔斯塔特银行单家银行的破产，就像“多米诺骨牌”一样迅速向全球蔓延。

为了应对赫斯塔特崩溃的跨辖区的影响，当时的10个发达国家集团－G10（G－10实际上是11个国家：比利时，加拿大，法国，德国，意大利，日本，荷兰，瑞典，瑞士，英国，美国），以及卢森堡和西班牙组成了由国际清算银行（BIS）主持的常务委员会，被称为巴塞尔银行业监督委员会，协调解决该银行破产后的处理问题。这种模式成就了后来全球银行监管基本大法——《巴塞尔协议》的诞生，以该银行命名的“Herstatt risk”也标志着结算性和系统性风险开始闯入人类社会，成为银行主导金融危机的开端，潘多拉的盒子从此打开。32年后的2007年美国次贷危机，以及雷曼兄弟的破产，被称为“Herstatt的诅咒”。

资料来源：维基百科，www. wiki. com。

随着赫斯塔特银行的倒闭，还有一家美国银行，当时是美国最大银行之一——富兰克林国民银行（Franklin National Bank）同时倒闭。在这两家银行倒闭的第二年，即1975年9月，巴塞尔协议的雏形出台。主要强调了大家对于资本杠杆监管的合法性和责任，内容包括：（1）任何银行的国外机构都不能逃避监管；（2）母国和东道国应共同承担的职责。

1983年5月，修改后的《巴塞尔协议》推出，资本开始正式登上银行管理的最核心殿堂，资本充足率也成为评价银行的最重要指标，银行资本监管作为监管准绳，开始对时至今天的银行发挥最核心的管控作用。资本监管（Capital Structure Regulation）指将资本与风险关联，围绕金融机构资本是否符合规定的一种监管形式，是对包括金融机构需持有的最低资本水平、对金融机构实际资本水平低于最低资本水平的行为的惩罚、监管当局为检查金融机构资本符合规定而进行的审查活动以及处理行为等一系列规定和监管审查行为的总称。资本结构监管适用于银行、证券、保险等金融行业，我们的分析对象为银行业的资本结构监管。自 1988 年巴塞尔资本协议实施以来，资本结构监管成为银行业监管的国际标准。

早期的资本充足率要求的雏形是银行资本资产比率，即要求银行持有的资本必须高于资产的一定比率。1988 年发布的巴塞尔资本协议提出了风险加权的资本充足率的概念：4% 的核心资本（Tier 1）充足率要求；8% 的资本（Tier 1 + Tier 2）充足率要求。2004 年的巴塞尔新资本协议更是提出了对风险更加敏感的资本充足率要求，即资产的风险权重不再固定，银行可以选择多种方法根据资产的风险评估测算风险资产，从而计算加总的资本充足率要求。2010 年第三版巴塞尔资本协议吸收了 2008 年全球金融危机的最新经验，上升到 G20 领导人的层面进行讨论，引入了交易对手信用风险，对资本定义进一步细化，全面强化了资本监管的深度，帮助监管者和银行更深刻地监控银行的资本风险。2012 年起，随着欧洲债务危机①的爆发，外部评级的作用更为凸显，以及主权风险开始被大量关注，巴塞尔委员会开始着手酝酿一场更敏感、更简化的全新一套资本监管制度，即第四版巴塞尔协议的萌芽，截至 2017 年 5 月底，该办法已经发布了数次征求意见，并组织全球各主要经济体和银行进行全面定量测算，评估相关影响。其核心包括：扩大评级的影响，对内部评级发现的缺陷适当回退到标准法，对于复杂的计算模型设立永久底线，由于其将大量的模型转移至监管层统一考虑，因此也被称为“监管模型法”，预计 2018 年发布。

从广义上讲，资本结构与资产组合冲突下的经济后果可包括微观、宏观两个范畴，前者包括对商业银行的资本结构比率、资产组合决策机制、

---

① 欧洲主权债务危机，简称欧债危机，是指 2008 年金融危机之后欧洲部分国家因在国际借贷领域中大量负债并超过了其自身清偿能力，造成无力还债或者必须延期还债的现象。2009 年 12 月，欧洲主权债务危机最早在希腊凸显。随即国际三大评级机构惠誉、标准普尔和穆迪相继下调希腊主权信用评级，并将其评级展望定位为负面，希腊乃至整个欧洲的债务危机由此拉开序幕。截止到 2010 年 4 月底，其已经蔓延至欧元区内经济实力较强的葡萄牙、意大利、爱尔兰和西班牙（与希腊一起，被国际评级机构称为“PIIGS”）。此后，法国和德国两个欧元区的核心国家也受到了危机的影响。2012 年初，标准普尔宣布将法国等 9 国主权信用评级下调，法国主权信用被踢出 AAA 级。至此，由希腊开始的主权债务危机已演变成一场席卷整个欧洲的主权债务危机。

风险定价能力、风险偏好、金融创新及盈利等的影响，后者包括对货币传导机制、宏观经济波动的影响；从狭义上讲，资本结构从属于公司财务的研究范畴，因此由资本结构问题引发的经济后果也应限定在公司财务行为的领域，即可单从微观层面对商业银行行为的影响。从尊崇资本理论的研究属性出发，我们将资本结构与资产组合冲突下经济后果的研究边界限定在狭义的微观层面，仅讨论在微观层面资本结构监管对商业银行行为的影响。

面临资本监管的压力，这些依赖杠杆炼金术的银行感受到了挑战：不能放那么多的贷款；贷款定价不能打折；高风险的客户恕不接待；赶快盈利补充资本……

因此，资本内生 VS 杠杆革命的核心问题——资本充足率的影响。调整资本充足率过程也就是银行资本和风险资产组合调整的过程，必然反映出银行的风险定价能力、风险偏好特征，对银行的竞争力和盈利也会产生较大的影响。在我国存贷款利率没有完全放开之前，商业银行的风险定价是有限的。所以，我们主要集中于从资本结构监管对商业银行的资本比率、资产组合决策机制（尤其是信贷资产）影响的角度来分析资本结构监管对商业银行行为的影响。

第三章　历史经验地图

先看看别人怎么说……

历史上早期的文献主要围绕银行资本的性质、银行的最优资本结构、为什么要对银行进行资本结构监管以及怎样对银行进行有效的资本结构监管展开。由于资本结构监管的核心是资本充足率要求，资本结构监管的直接作用就是影响银行的资本结构，而银行资本的性质同一般企业存在差异，决定了银行资本结构与一般企业资本结构相比具有一定的特殊性。

自从 1988 年巴塞尔资本协议实施以来，涌现出了大量讨论资本结构监管影响的文献。以资本充足率为核心的资本结构监管实质上是对银行行为的一种约束，分析资本结构监管影响主要集中在分析资本结构监管对银行行为的影响。微观层面主要研究资本结构监管对商业银行的资本比率、资产组合决策机制、风险定价能力、风险偏好、金融创新及盈利等的影响，这一领域的研究主要采用实证方法检验了资本结构监管是否限制了银行的过度风险行为（主要是银行信贷资产扩张和资产风险结构），是否实现了资本结构监管的目的，其次是否具有一定的副效应，如实施初期的信贷紧缩、资本套利等问题。

（一）萌芽探索：杠杆长什么样?

银行在经济体系中发挥着其他金融中介难以发挥的独特功能，当银行向社会公众提供流动性与资金监控服务的同时，银行却时刻面临着来自储蓄者的挤提风险，一旦一家或数家银行遭受挤提，整个银行体系将由于“多米诺骨牌”效应而陷入瘫痪的境地，经济将因为银行功能的瘫痪而出现停滞或倒退，并导致经济资源配置效率的急剧下降。

杠杆的破坏性不是今天才知道，资本就像水和空气，150 年前已经被检验过，对金融的发展是不可或缺的。

【专题 7：1972 年美国信贷危机——现代金融的奠基】

现代金融大有其益处、同时也有它的恐怖一面，如果要将这两面归功于一个人的话，那人就是亚历山大·汉密尔顿，美国历史上的第一位财政部长。1790 年，离宣告独立之日仅过了 14 年，年轻的美国在金融方面尚是一张白纸，仅有五家银行和一些保险公司。汉密尔顿想要建立一个世界先进的金融体系，就像当时的英国或荷兰。这意味着各州的独立债务能以联邦债务之名聚拢起来。美国新发行的国债将能在市场上自由交易，这能使国家便宜地筹资。与此同时，美国需要一个中央银行，国立第一银行（BUS），将为公众所有。

这家新银行会是一次令人兴奋的投资机遇。国立第一银行的 1000 万美元的股份中将有 800 万美元发放给普罗大众。1791 年 7 月的首次竞拍十分顺利，在一个小时内便被抢购一空。汉密尔顿对此很开心，因为他计划的体系的两个支柱——国立第一银行和国债——被设计成互相支撑。要想拿到国立第一银行的 400 美元的股份，投资者必须要去买价格为 25 美元的、叫做“收据”的证书，为此要付四分之三的票面价格（25 * 3/4 = 18.75 $），不能用现金而只能用购买国债来支付。这样一来国债需求随之大涨，也使得银行有了充足的储备金。这一切看起来是那么的美好：1791 年 8 月，收据价格从 25 美元飙升至 300 美元。国立第一银行在 12 月开张了。

然而有两件事给汉密尔顿的计划带来了隐患。一件是老朋友威廉·杜尔的使坏。在这次美国金融危机中，那个狡诈的老伊顿人是首个但不是最后一个该被谴责的人。杜尔和他的同伙了解到投资人需要国债才能买到国立第一银行的股份，那么他们就着手去囤积它。为筹集资金，杜尔向土豪朋友借债，逢人便开白条，他当然还挪用了他管理下的公司的资金。

第二个问题是银行自身。在其开业首日便一骑绝尘抛开了其他所有的竞争银行。贷出数量巨大，不久更是急剧膨胀起来，在它开业的前两个月时间内便贷出了 270 万美元。在无限信用的模式下，费城和纽约的居民全陷入了投机狂热中。市场上的短期交易和远期合同数量喷涌而出。每周都有 20 辆马车在两个城市之间来回冲撞，抓紧机遇紧张套利。

1792 年 3 月显得有些不对劲了。国立第一银行在硬通货交易上数额甚低，开始收回银行券，无限信用模式陡然一转，在 1 月底与 3 月底之间的贷款数直降 25%。信用紧缩，杜尔等人一众丧失了以新贷还旧贷的办法，焦心万分。

关于杜尔困难的传言与国立第一银行信用紧缩的事实让美国股市急剧下跌。国债的价格，BUS 股票的价值，还有其他少量的上市公司股票在两周内下跌了 25%。3 月 23 日，杜尔被捕入狱。但是那并没有阻止下跌的趋势，公司开始倒闭。痛苦与愤怒一齐弥漫着。愤怒的投资人聚集起来并向关押杜尔的纽约监狱投掷石块。

汉密尔顿很清楚牌面上的情况。作为金融历史系的学生，他很了解 1720 年的法国金融崩溃使得其金融系统衰退了多年。此外汤姆斯·杰弗逊正静候着他所努力建立的一切垮掉。据 2007 年纽约大学理查德·希拉描述所说，他的应对是美国历史上第一次对银行的财政援助。汉密尔顿进行了多线反击：动用公众资金买进国债以重拾价格，帮助保护银行及那些高价买进的投机人们。他为陷入困境的债权人注资。此外还保证让有抵押品的银行以 7% 利率（当时的利率上限）为前提随意借钱。

尽管这些措施极具疗效，但关于如何避免未来可能的衰退的争论还是展开了。大家一致认同金融太容易起泡沫了。为防止傻傻的门外汉再次闯入投资的险境，法律制定者们布置了绝对的禁令，1792 年 4 月纽约市通过了将公众逐出远期交易市场的法令。对这一严厉法规的回应，24 名商人在华尔街聚集在那梧桐树下，根据传说，建立了他们自己的私密交易俱乐部。而这家俱乐部正是纽约证券交易所的前身。

汉密尔顿的财政援助相当奏效。随着信心的重建，金融开花结果。在半个世纪内，纽约成为了金融业的绝对统治者：无论是银行的数量还是股市都在狂飙突进，国内生产总值也稳步上升。但是这次营救也造成了其他的后果。汉密尔顿为财政援助银行开设了先例。在随后的危机中金融机构变得越来越依靠于政府的施救。

但其中的核心要素——资本的力量，就像水和空气一样，又逐渐被遗忘……

资料来源：《经济学人》（2014 年 4 月 12 日刊）。

显而易见，银行风险的内生性及银行存在的独特性引发了学者们关于银行是否应该受到监管的争论。经济学理论表明，当市场出现失效（如存在外部性、垄断力及买卖双方之间的信息不对称）时，监管就是应当的，且是对市场失效的一种有益的补充措施。具体到银行业，是否应该进行监管以及如果需要监管应如何进行监管，学术界并没有达成共识。尽管如此，多数文献认为银行监管有两个基本的依据：一是系统性风险；二是存款者无力监管银行。由于银行挤提是造成银行体系系统性风险的主要表现形式，对于银行如何才能避免挤提，学者们也提出许多建议，如（1）限制银行的经营范围，仅允许银行投资无风险的短期政府证券；（2）银行的贷款资金应出自银行股东的资金而非用活期存款来融资（杰克林，Jacklin，1987）；（3）当银行出现流动性危机时，中央银行可以充当最后贷款人的角色（弗兰纳里，Flannery，1996）；（4）政府可对银行的存款予以保险（代尔蒙德，Diamond，戴波维，Dybving，1983）。上述几个建议虽然理论上可以避免银行出现挤提，但其代价也很高，如效率低下（建议 1、建议 2）、产生道德风险（建议 3、建议 4）等。关于存款者无力监管银行的监管依据，主要源于“银行与客户之间存在的代理问题”，德沃特李普（Dewartripont）和蒂罗尔（Tirole）（1993a，1993b）认为，银行像一般企业一样，存在道德风险与逆向选择问题，需要得到外界的监控，但由于银行的存户监控显然成本太高，也会出现存户间的“搭便车”问题，因此，需要一个私营或政府的部门或机构代表存户来监控银行，确保银行不会滥用存户的存款资金。

尽管著名的 MM 定理（莫迪格利安尼，Modigliani，默顿·米勒，Miller，1958）[①] 认为企业的价值独立于企业的资本结构，但其条件与阿罗－德布鲁模型（Arrow－Debreu Model）（1954）[②] 的一般均衡框架一样，需要

---

① 莫迪格利安尼（Modigliani）和默顿·米勒（Miller）于 1958 年发表的《资本成本、公司财务和投资管理》一书中，提出了最初的 MM 理论，这时的 MM 理论不考虑所得税的影响，得出的结论为企业的总价值不受资本结构的影响。此后，又对该理论做出了修正，加入了所得税的因素，企业的资本结构影响企业的总价值，负债经营将为公司带来税收节约效应。

② 阿罗－德布鲁模型（Arrow－Debreu Model）是指 1954 年阿罗（Kenneth Arrow）与德布鲁（Gerard Debreu）在《Existence of Equilibrium for a Competitive Economy》中给出了一般均衡存在性的数学证明，该模型验证了 1874 年瓦尔拉斯（Leon Walras）在《纯粹经济学要义》中提出的一般均衡理论。阿罗－德布鲁模型成立的两个前提条件是完全的市场运行和不存在信息不对称。

假定市场是完全的，信息是对称的等。在研究银行的资本结构时，研究者还考虑了银行在存款保险计划下，通过提高财务杠杆或资产的风险度将风险转移给存款保险机构的激励问题。这实质上是银行在存款保险计划下的道德风险问题，成为银行资本结构监管的主要理据之一。早期关于银行资本结构监管的研究，如凯伦肯（Kahane）（1977）、凯伦肯恩（Kareken）和华莱士（Wallace）（1978）及夏普（Sharpe）（1978），侧重在市场是完全的假设下研究银行资本在控制银行偿付能力方面的有效性。后来的研究则侧重在市场是不完全的假设下银行资本结构监管的必要性。科恩（Koehn）和萨摩托梅洛（Samotomero）（1980）将银行视为证券组合的投资者，并假定银行管理者与股东是同一主体，且是风险厌恶者，在给定的风险水平下，银行经营者可以选择组合中的构成以取得最大的预期收益。由于证券组合无法完全消除风险（如系统性风险）被视为不完全市场的一个近似，要求银行维持划一的资本标准（Flat Capital Requirement），会迫使银行降低财务杠杆比率，从而降低银行整体盈利水平。为弥补低杠杆引起的盈利水平的下降，银行就有可能选择高风险的资产组合，这显然会导致银行倒闭的可能性增大①。为避免这一不利情景的出现，研究者认为，监管者可要求银行只需满足以风险为基础的资本标准（Risk - based Capital Requirement），即根据银行的风险资产的大小计算银行必须维持的资本水平。上述的研究结论引起了一些研究者的关注，罗切特（Rochet）（1992）的进一步研究表明，如果仅以风险为基础对银行资本进行监管还是不够的，必须同时要求银行维持一个最低的资本水平（Minimum Capital Level）。

前面提到，由于存款者无力监控银行的日常经营，需要一个机构来“代表”存户行使监控权力。德沃特李普（Dewartripont）和蒂罗尔（Tirole）（1993）提到银行的财务结构实质上是银行控制权的分配结构，一个最优的控制权分配结构必须考虑银行的债权人（即存款户）并无能力监控银行的经营这一事实，因为相对银行庞大的存款而言，任何一个存户都是

---

① Furlong 和 Keeley（1989）及 Keeley 和 Furlong（1990）对此表示异议，认为如果银行根据资产的风险水平来支付存款保险的话，杠杆的降低意味着银行的安全性更高，即使要求银行提高资本的水平，银行也不一定会选择更高风险的资产，否则，银行所支付的存款保险将相应提高。

小存户且对银行的经营并不知情。能够影响银行管理层的经营选择与经营努力的是有控制权的银行股东，虽然银行股东的监控成本也很高，但这种监控可改进银行的业绩。银行管理层其实并不在乎货币性的激励，他们更在意银行在没有任何干预（如股东或监管当局的干预）的环境下经营并从中享受私人收益（如在职消费等）。有控制权的利益团体只有在银行经营业绩不好的时候才选择干预。因此，他们认为，存在一个最优的监控安排，即当银行经营业绩不好时才对银行管理层进行干预，而当银行业绩好的时候则不干预，作为对管理层的回报。由于股东在很多情况下并不喜欢干预银行的日常经营（尤其是股东与管理层利益一致时），而且存户也更没有能力去干预银行的经营，所以寄望股东和存户能对银行管理层实行有效监控并不现实。而当银行陷入偿债能力困境时，银行股东更倾向于冒险，银行破产的可能性就更大，最终损害存款人的利益。且一家银行的倒闭可能危及更多银行的倒闭，将严重破坏社会资源的配置机制，因此，监管者应当代表存款人的利益，在银行经营恶化时及时干预，并确立可信的机制将控制权移交给监管者。通过设立最低的资本要求应是建立上述可信机制的一个重要思路，它的意义不仅限于控制银行对风险性资产的盲目扩张，更重要的还在于可以迫使银行严格遵循风险与收益相匹配的原则，自觉而正确地实施信用风险定价。

关于银行资本结构监管的理论研究所覆盖的领域很广，文献也很多，虽然角度不同，观点各异，但可以肯定的是，这些研究或多或少地影响了 Basel Ⅰ 的制定，如最低资本充足率、以风险为基础的资本计算等均体现在 Basel Ⅰ 及其后的修订中；关于监管者应代表存款者的利益接管经营恶化银行控制权的意见，也体现在了巴塞尔Ⅱ的第二支柱上（Supervisory Review Process）；银行研究者指出的信息不对称有可能造成客户挤提的观点，也在巴塞尔Ⅱ和巴塞尔 III 的第三支柱（Market Discipline）里有所体现；而关于银行的监管不可能“一刀切”（one - size fits - all）的思路也在一定程度上体现在 BaselⅡ、III 当中。虽然资本结构监管理论家所倡导的存款保险计划、最后贷款人角色等并没有出现在 Basel Ⅰ 或 BaselⅡ、巴塞尔 III 里，还有一些理论细节也没有完全被巴塞尔协会所吸收，但无论如何，Basel III的最终定稿及实施将促使国际银行业在更安全的资本基础上运行，银行业的竞争也将更加健康、有效。

（二）噪音时期：永动机、最优解、周期性……

MM 定理认为，在不考虑税，破产成本，信息不对称并且假设在有效市场里面，企业价值不会因为企业融资方式改变而改变。也即是说，不论公司选择发行股票或者卖债券，或是采用不同的红利政策，都不会影响企业价值。因此莫迪尼亚尼 - 米勒定理也被称为资本结构无关原理。基于 MM 定理的银行资本结构理论认为银行的公司价值与资本结构仍存在 U 型关系，存在最优的资本结构的内点解。由于资本的作用对银行和对一般企业有着明显的不同，从 MM 定理推导出银行的最优资本结构理论则存在一定的理论缺陷。

为保护存款利益，维护金融稳定，各国实行存款保险制度，存款保险带来银行行为的道德风险。传统的道德风险理论认为，加入存款保险的银行将选择最大化杠杆率。道德风险的风险来自保险费，不能反映被保险人的经营活动的潜在风险。被保险人的存款可以视为银行的最低成本来源，因此银行将选择最大化杠杆率。这类理论认为银行应该将最优资本比率设定为资本结构监管允许的最低水平（基里，Keeley，1980；马绍尔，arshallM，普利斯奥迪，Preseott，2000；古埃依 Gueyi，莱，Lai，2003）。代尔蒙德（Diamond）和拉简（Rajan）（2000）以及代尔蒙德（Diamond）（2001）的经典文献认为银行最优资本结构是流动性创造、资产冲击的缓冲能力、与资金提供者讨价还价能力的权衡，他们的模型也表明了高杠杆比率的银行资本结构。

显然，基于道德风险的银行资本结构理论不能完全解释现实中银行的资本结构。一些理论从管理层激励、特许权价值、监管成本、市场约束和调整成本等角度进行分析，得出了与道德风险理论不同的结论，即商业银行不会选择最大化的杠杆比率，而是存在最优资本结构的内点解。(1) 管理层激励理论认为在现代产业组织结构中代理问题源于所有者和管理者的分离，代理人与委托人的目标可能不一致。银行所有者的目标是价值最大化，希望追求更高的杠杆比率，但银行管理层选择的杠杆比率会低于所有者希望的杠杆比率，因为越高的杠杆比率带来的风险管理难度越大（Bris and Cantale，2004），银行管理层为追求平静生活（Quiet Life）会持有更多的资本而牺牲股东利益。(2) 特许权价值理论。马库斯（Marcus）(1984）证明存在存款保险条件下，两期模型中银行最优行为是选择最大化杠杆比率，但扩展到多期模型时银行希望赚取更多经贴现的经济租（特许权价值）这种情形不会出现，结论是有偿付能力的银行应选择低杠杆比率，休斯（Hughes），朗（Lang），穆恩（Moon）和帕加诺（Pagano）(2003）的实证结果支持了马库斯的观点。基里（Keeley）（1990）、博杰（Berger）(1995）和德姆塞茨（Demsetz）等人（1996）从经验上证明了银行业特许权价值确实影响了资本决策。(3) 监管成本理论认为银行面临与监管相关但无明确定价的成本，且监管成本会随着杠杆比率的增加而增加（布瑟，Buser，陈，Chen，凯恩，Kane，1981）。(4) 市场约束理论认为市场纪律在银行资本最优资本结构决定中也起到了日益重要的作用，随着银行风险暴露的增加，债权人将要求更高的债权回报，降低了银行市场价值，银行越大，这种市场纪律的约束作用越强，因为其可信度影响了其在 OTC[①] 衍生品市场的交易能力。迪特里希（Dietrich）和福尔默（Vollmer）(2004）认为在不对称信息的环境中，高的偿付能力代表银行低违约率的信号，能给银行带来更高的信用评级，从而降低其融资成本。(5) 调整成本理论认为要解释现实中银行的最优资本结构必须要考虑资本刚性（Rigidity）和调整成本（波拉斯，Porath，斯托拉兹，Stolz，2003）。考虑到资本调整的时间成本和交易成本[②]，银行资本的调整是高成本行为。由于银行管理层和投资者之间的信息不对称也会产生间接成本，银行发行新资本或者处置存量资本可能被投资者认为现有银行价值高于内在价值从而引起银行股价的过度波动，提高调整成本。以上五种理论都是试图从某个角度来解释现实中银行的最优资本结构选择，哈丁（Harding）、梁（Liang）和罗斯(2007）在利兰（Leland）(1994）模型的基础上提出了一个综合性的分析银行资本结构的框架，研究存款保险、资本结构要求和税收对银行选择最优资本比率的影响，发现存在存款保险、最低资本结构监管要求和税收的情况下，只要违背资本结构监管有足够大的财务惩罚，那么会存在最优资

① OTC，Over - The - Counter，译为“询价交易方式”，亦称“柜台交易方式”或“场外交易方式”，是指银行间外汇市场交易主体以双边授信为基础，通过自主双边询价、双边清算进行的即期外汇交易。银行的资信状况、资本结构等将对其在 OTC 市场的询价标准产生影响。

② 时间成本包括从决定资本调整到完成交易具有时滞，这些时滞包括法律、监管和程序上的工作；交易成本包括投资银行和律师的费用。

本比率的内点解，最低资本结构要求和税收对最优资本结构的内点解都是重要的。

现实中银行的实际资本比率常高出最低资本要求较多，缓冲资本理论（Buffer Capital Theory）从银行谨慎性动机给予了解释。银行的实际资本比率超过监管资本要求的那部分被称为缓冲资本（Buffer Capital）。缓冲资本概念最初是由沃尔（Wall）和皮特森（Peterson）（1987）提出来的，但未能从理论上给出解释。银行为什么会持有缓冲资本或超额资本（Excess Capital），与银行持有缓冲资本的作用有关[①]。银行持有缓冲资本可以作为避免违反最低资本结构监管的要求引起监管干预多带来的违约成本的保险[②]（米尔恩，Milne，2004），银行可以选择持有超额资本向市场发送稳健性信号以便在面临未预期的投资机会时能更快、成本较低地融资，为了获得将来的增长机会，在面临未预期的投资机会时能以降低的成本获得贷款资金，如在贷款需求大幅增长的情况下，低资本银行的市场份额很可能会降低；缓冲资本还可以缓冲掉未预期的各种高成本的冲击，尤其是财务困境成本和新融资成本较高的情况下。总之，银行持有缓冲资本可以分为三大目的：（1）为了追求潜在发展机会的自身业务战略；（2）为了避免在资本比率低于监管资本时与市场纪律相关的成本和监管介入的成本；（3）并用缓冲资本作为其具有清偿力或不会失败的信号（埃尔芬，Alfon，2004）。银行持有多少缓冲资本是最优的，这类研究主要是从多种成本收益的权衡（Trade－off）基础上得到最优缓冲资本[③]。埃斯特雷亚（Estrella）（2004）考虑了银行股利发放和筹集新资本都存在调整成本，基于古典存货模型考虑了破产成本、持有、筹集或者发放股利等资本成本权衡的商业银行最优资本决策。海德（Heid）（2005）在简单的静态模型框架中讨论了资本结构监管对商业银行最优资本决策的影响，指出区分目标资本比率和实际资本比率是重要的。保拉（Peura）和凯珀（Keppo）（2006）考虑了银行资

① 详见 Berger（1995）、Jackson（1999）、Milne 和 Whalley（2001）、Van Den Heuvel（2002）、Estrella（2004）、Milne（2004）和 Alfon（2004）、Valeneia（2005）等人的解释。

② 违反资本结构监管要求对银行的成本是非常高的，Jim Wong，Ka－fai Choi 和 Tom Fong（2005）对 31 家香港银行的调研证实了商业银行持有超过最低资本要求的资本的最重要原因在于避免违反资本结构监管要求。

③ 详见 Frroot 和 Stein（1998）、Furfine（2000）、Estrella（2004）、Heid（2005）、Peura 和 Keppo（2006）、Elizalde 和 Repullo（2007）等人的研究。

产受到外生最低资本要求的约束，监管者的监管审查是随机的，一旦发现违反最低资本要求则终止营业，但筹集股权资本具有时滞，银行在这些设定规则约束下进行成本收益权衡，选择应持有的资本水平。另外，从实践上看，银行持有多少合适的资本水平取决于银行内部经济资本模型的假设和风险偏好。埃利萨尔德（Elizalde）和拉普洛（Repullo）（2015）在单一风险要素模型基础上数值模拟了违约概率、违约损失率、存贷利差、资本成本等六大因素对银行的经济资本、监管资本和实际资本的影响，指出影响银行经济资本、监管资本和实际资本的因素存在差异。银行缓冲资本理论得到了各国大量实证研究的支持。①

资本结构监管对商业银行信贷行为顺周期性的影响是学术界研究资本结构监管影响的重要话题。资本结构监管对银行行为的影响首先体现在对资本比率的影响，人们对巴塞尔资本协议（尤其是巴塞尔Ⅱ）的担心之一就是资本结构监管带来的不对称性资本约束会加剧银行信贷的周期性波动。随着 20 多年来巴塞尔Ⅰ协议的实施，大量研究发现许多银行持有比监管最低要求更多的资本，以对冲经济环境和资本要求变动等不确定性的影响（瓦伦西亚，2006；莱普罗，Repullo，苏亚雷斯，Suarez，2007）。考虑到银行的缓冲资本，经济周期对银行资本的影响将主要体现在缓冲资本的周期性影响上，经济周期中 Basel Ⅰ资本协议对银行的运营造成的紧缩压力将不会那么大，银行的资本比率将会较平滑。对商业银行缓冲资本周期性的研究存在两种相反的观点：缓冲资本的顺周期性和逆周期性，顺周期性观点认为在经济上升期银行资产组合的风险实际上在增加，经济繁荣期银行大量借贷带来信用风险在下跌期的增加，在理性预期的情况下，银行将会增加资本缓冲，经济萧条期，不良贷款冲销了资本、监管要求上升，缓冲资本下降，放大了经济周期（克罗克特，Crockett，2001）；逆周期性观点认为经济萧条期银行受限于资本调整成本，当预期到贷款损失时将增加缓冲资本，因为贷款损失滞后于商业周期，实际的资本缓冲具有逆周期性（拉简，Rajan，1994；博里沃泰尔，Borioetal.，2001）。约克皮（Jokipii）

---

① 详见 Bondt 和 Prast（1999）、Ayuso et al.（2002，2004）、Alfon et al.（2005）、Lindquist（2003），Kleff 和 Weber（2005），Furfine（2000），De Bondt 和 Prast（1999），Bikker 和 Metzemakers（2004），Flannery 和 Rangan（2004）、Memmel 和 Raupach（2005）、Wong，Kai－fai Choi 和 Tom Fong（2005）、Avack 和 Levasseur（2007）、Matejasak 和 Teply（2015）、Boucinha（2008）等人对不同国家经验的研究。

和米尔恩（Milne）（2006）认为顺周期性和逆周期性都可能因为银行的近视行为（Myopic Behavior）而出现：经济上升期，风险并未显现为实际损失的增加，银行可能低估风险从而贷款扩张、资本比率降低（逆周期性）；经济下跌期未预期到的贷款损失将导致银行资本比率的下跌（顺周期性）。大量的实证研究更支持资本缓冲的逆周期性观点。[①]

资本协议由于风险权重内生化所可能引起最低资本要求的周期性变动，其周期性问题尤其令各国金融监管当局担心，出现了大量的相关文献[②]。埃斯特雷亚（Estrella）（2004）假定贷款损失遵循二阶自回归进程来研究最优银行资本的周期性问题，在一个经济周期中，VAR 值[③]与最优的外部资本流量正相关，与净资本的改变和最优的总资本水平负相关，表明基于 VAR 的最低资本要求是顺周期的。瓦伦西亚（Valencia）（2006）认为考虑到银行会选择持有更高的目标偿付比率来对冲这种资本要求的波动性，实际上 Basel Ⅱ 资本要求的波动性影响更多的将是银行的缓冲资本，而不是整个资本水平，相对于现有监管体制，Basel Ⅱ 的周期性效应应该不大。银行采用的评级方法也会影响监管的周期性，银行若采用周期平滑（through - the - cycle）而不是点估测（point - in - time）方法来估计违约概率，Basel Ⅱ 的周期性效应不大（拉贝尔，Rabell 等，2003）。另外，赛加维奥诺（Segaviano）和洛维（Lowe）（2003）认为 Basel Ⅱ 资本协议的顺周期性问题将是结构性问题，即对于那些资本不足（或者说缓冲资本较少）的银行顺周期性才会表现比较明显，在经济下跌期，这些银行面临资本要求提高，同时筹集新资本的成本较高，会引起信贷的减少。研究结论表明，Basel Ⅱ 的顺周期性是存在的，但可以采取措施来减少这种周期性影响。巴塞尔委员会在新资本协议的最终稿中做出了相关调整以减少潜在的周期性问题：（1）最终的协议已经将风险敏感性降低了约 1/3（赛加维奥诺，Segaviano，洛维，Lowe，2003）；（2）将某些中小企业贷款设定为零售贷款，降低了资本要求；（3）某些抵押被认为是资本的减少，这些工具在

---

① 详见 Lindquist（2003）对挪威银行业、Stolz 和 Wedow（2005）对德国银行业、Alfon（2005）对英国银行业、Boucinha（2008）对葡萄牙银行业等的实证研究。

② 详见 Kashyap 和 Stein（2003）、Estrella（2004）、Gordy 和 Howells（2004）等人的研究。

③ VAR，Value at Risk，是指在市场正常波动下，某一金融资产或证券组合的最大可能损失；或者可以把 VAR 定义为，在一定概率水平（置信度）下，某一金融资产或证券组合价值在未来特定时期内的最大可能损失。

经济下跌期时银行常采用；（4）银行需要做压力测试以检验资本水平是否满足萧条期的需要；（5）鼓励银行选择周期平滑的（through - the - cycle）代替点估测（point - in - time）方法进行违约率估计。

以上理论文献研究资本结构监管对商业银行资本比率的影响时，除了海德（Heid）（2005）、埃利萨尔德（Elizalde）和瓦伦西亚（Valeneia）（2014）外，均没有严格区分目标资本比率与实际资本比率。而由于目标资本比率不可观测的特征，实证文献不能分析目标资本比率，只能替代性分析资本结构监管对实际资本比率的影响。在研究资本结构监管对商业银行资本比率以及资产负债表行为的影响时，对目标资本比率与实际资本比率进行区分是必要的。

最低资本要求限制了银行的最优资本比率，银行将利用资本结构调整作为约束，通过目标价值或利润调整实际资本比率。如果监管机构施加的最低资本要求没有改变银行的最优资本比率，那么实际上对于资本丰富的银行来说，资本结构调整评估是缓冲资本的一部分。另外，分析商业银行实际资本比率周期性的时候，有必要将目标资本比率与实际资本比率进行区分，是由于最优资本比率的周期性变化和不同监管体系的影响因素，会受到周期性变化的影响，或受到被动外来冲击的影响。

（三）现实：眼中的恐惧和希望

至今，全球已经有了 100 多个国家以不同形式实施了巴塞尔协议。从将近 30 年的实践看，资本结构监管协议对商业银行的微观行为产生了显著的影响。很多学者已经对资本结构监管约束下的商业银行风险偏好（Risk taking）、信贷行为、贷款定价、资本套利行为（信贷资产证券化、信贷资产买卖、或其他金融工具）以及资产组合（包括信贷组合）等多方面的微观行为进行了广泛的理论和实证研究。随着 2007 年在欧盟、澳大利亚等国家或地区新资本协议逐渐实施，一些学者和组织对该协议可能对商业银行产生的影响进行了评估，并与旧协议进行了比较。

斯蒂格利茨（Stiglitz）（2002）基于商业银行价值最大化的假定，在一个道德风险模型的框架下，研究了资本结构监管约束下的商业银行风险偏好。其理论模型的研究发现“紧”的资本约束反而促使商业银行通过投资高风险资产的方式减少其超额资本；如果监管者不能准确地测量出商业银行资产的风险大小，商业银行投资机会上的差别将导致银行的资本率和资产组合的差异，特别的，商业银行面临的未来投资机会的波动越大，商业银行越趋向于选择高的超额资本和高风险的资产组合。保罗·卡莱姆（Paul Calem）和罗菲尔·罗布（Rafael Rob）（1996）通过 1984 ~ 1993 年的美国商业银行的数据，实证研究了 1988 年资本协议的实施对美国商业银行的影响，结果发现，商业银行资本与其风险偏好之间存在着一个“U型”关系：随着资本的增加，商业银行开始承受较小的风险，随后到较大的风险；而对未达到资本充足率要求的银行的超额储蓄保险将促使银行承受更大的风险；资本要求的增加，不论是水平上的还是基于风险的，促使已经达到资本要求的银行在事后承担更多的风险，以使风险水平与新标准相适应。扎格·布鲁姆（Jurg Blum）（1999）在一个动态的框架下，研究了银行资本充足率约束可能会增加银行的风险，由于跨期效应的存在，银行具有风险寻租的动力。这后面的机理是：在资本约束下，增额的资本相对于已有的资本对银行具有更高的价值，为了增加银行未来的资本，最可能的方式是现在承担更多的风险。此外，还有大量的基于道德风险模型的理论与实证研究，结论与上述的研究基本上是一致的，即资本约束与风险偏好之间存在着正相关的关系，银行在满足资本约束的同时，承担了更多的风险。如贝特兰德·里姆（Bertrand Rime）对瑞士银行的研究表明，资本结构监管的实施促使银行增加了资本，但并没有改变它们的风险水平。正是 1988 年巴塞尔资本协议客观上存在的缺陷，使得该协议在一定程度并没有起到通过资本充足的要求真正约束商业银行高风险偏好。一系列的研究促使了新资本协议的诞生，该协议的相对于 1988 年的协议的一个基本的优势是基于风险资产计算资本，改进了原有的简单的基于总资产计算资本的原则。

与上述的研究结论相反的是，谢里夫（Shrieves）和达尔（Dahl）（1992），阿哥拉瓦（Aggarawal）和雅克（Jacques）（1998），雅克（Jacques）和尼格罗（Nigro）（1997）对美国银行的研究发现资本约束使得银行减少高风险资本的比例，具有了更低的风险偏好。小西正司（Masaru Konishi）和安田幸二郎（Yukihiro Yasuda）（2004）基于日本银行的数据，实证研究发现资本协议的实施降低了日本银行的风险偏好。张小曼和安立仁（2014）基于微观层面对国内上市商业银行资本结构动态调整的相关影响因素进行研究后认为，相比监管政策的变化，银行资本结构的调整速度比较慢。张惠（2014）利用因子分析法对我国上市商业银行相关指标分析后认为，我国商业银行在调整时应该注重战略管理的培养，提高创新能力，健全优化组织。郑翔风（2015）通过建立五力模型来分析资本结构调整发现，我国目前上市企业的资本结构调整效率不高，很多企业经过多次调整后仍然达不到理想的资本结构。

针对巴塞尔 III 监管协议的出台和开始实施，大量的学者对其可能会对商业银行行为产生的影响进行了广泛的研究。如拉普洛（Repullo）和苏亚雷斯（Suarez）（2004）研究了在监管资本约束下，完全竞争的贷款市场中的商业银行风险贷款定价的特性。他们建立的理论模型分析结果表明，当商业银行受到资本杠杆约束，由于使用单一的风险因子来解释不同企业违约的相关性，低风险企业将获得贷款利率的扣减，但并没有相应增加高风险企业的贷款利率，因此，基于资本约束可能引起由于银行破产带来的社会成本。

第二篇　大革命的号角

去杠杆革命——踏上“大破局”征途

历史学家《旧制度与大革命》的作者托克维尔认为，1789 年法国大革命是迄今为止最伟大、最激烈的革命，代表法国的“青春、热情、自豪、慷慨、真诚的年代”。它是一场社会政治革命，符合当时欧洲的需要，其作用是废除若干世纪以来统治欧洲和法国的封建制度。它不仅要改变旧政权，更要废除旧的社会形式，因此需要同时改变所有既存的权力机构，毁灭所有公认的影响，祛除种种传统，更新风尚与习惯。①

1910 年：上海橡胶股市危机

1929 年：全球大萧条

1974 年：储蓄危机

1980 年代：拉丁美洲债务危机，始于墨西哥

1989 年－1991 年：储蓄和贷款危机

1990 年代：日本资产价格泡沫崩溃

1992 年－1993 年：欧洲汇率制的黑色星期三

1994 年－1995 年：墨西哥 1994 年经济危机：投机性攻击和债务拖欠

1997 年－1998 年：亚洲金融危机：货币贬值和金融危机

1998 年：俄罗斯金融危机：卢布贬值和俄罗斯违约债务

2001 年－2002 年：阿根廷经济危机：银行系统崩溃

2007 年至今：全球金融危机和蔓延在欧洲和美国的次贷危机

---

① 中文版序言．旧制度与大革命．商务印书馆．1992 年 9 月 1 日。

2015 年：中国政府“股灾”

——面临危机，传统的“炼金术”束手无策，需要旧运行体制模式进行改革

革命的开始

我们将对银行资本结构监管与巴塞尔协议演进进行分析，包括银行资本结构监管的背景，巴塞尔Ⅰ、巴塞尔Ⅱ、巴塞尔 III 的监管要求比较，以及欧盟、美国和亚洲地区巴塞尔新资本协议实施路径的国际差异等。我们还将对中国资本结构监管制度变革的历史进行回顾。

第一章　打响第一枪：杠杆“炼金术”首遭质疑

银行资本监管的约束就像监管部门对银行发展的“紧箍咒”，每到危机濒临、风险过度的时候，监管部门便通过这个神奇的咒语屡试不爽。这来自于金融危机阵痛后的反思，每次金融危机后，人们都会掀起对银行资本结构的争论。20 世纪 30 年代初“大萧条”后，越来越多的人开始意识到保持银行资本结构稳定的重要性，美国国会通过了《格拉斯一斯蒂格尔法》[①] 首次将资本结构的思想贯彻到银行监管领域，提出商业银行和投资银行应当参照不同的资本结构来开展经营活动，并且明确地提出了两者的资本界限，规定商业银行业与投资银行业的严格分离。此外，该法案还规定设立联邦存款保险公司，以第三方保险的形式，提升银行资本结构的稳定性，并规定了银行的存贷款上下限比例，从法律上进一步保证银行的资本结构水平。在此后的 40 年中美国银行体系进入了相对稳定的时期。此后，英国、德国、法国、日本等主要国家也纷纷颁布了类似的法律。这些法律使得在“大萧条”中遭受重创的国际金融体系迅速吸入大量优质资本，维持了长达近半个世纪的资本稳定局面。

直到 20 世纪 70 年代初，国际银行度过了大萧条后近 40 年的相对稳定期。然而，这一稳定期随着 1973 年布雷顿森林体系的瓦解而结束。20 世纪 70 年代中后期的两次石油危机，加剧了世界经济的动荡，通货膨胀与经济停滞成为 20 世纪 70 年代的代名词，对付通货膨胀成为主要国家中央银行的首要任务，因为通货膨胀极大地扭曲了商品的相对价格体系，破坏了

① 《格拉斯 - 斯蒂格尔法案》（Glass - Steagall Act），也称作《1933 年银行法》，是在 1930 年代大危机后设立的法案，该法案将投资银行业务和商业银行业务严格地划分开，保证商业银行避免证券业的风险，禁止银行包销和经营公司证券、只能购买由美联储批准的债券。该法案令美国金融业形成了银行、证券分业经营的模式。

资源配置的准确风向标。为了确保实际利率为正，名义利率必定随着价格的上涨而同步提高或变动，银行业所处的稳定利率环境已不复存在，银行的资产和负债之间的期限错配风险加剧了银行业的盈利波动。为了规避 Q 条例①，美国银行的 NOW 账户、超级 NOW 账户②等金融创新应运而生，Q 条例实际上名存实亡。20 世纪 70 年代末美国基金业的异军突起，引起了金融业的大规模“脱媒”现象，银行体系的资金纷纷流向了各种直接融资的工具上，银行业的竞争空前激烈，这一竞争不仅表现为银行业内部，还表现为其他金融行业对传统商业银行业务领域的竞争，美国美林证券公司的现金管理账户即为明显一例。20 世纪 80 年代初，拉美债务危机的爆发引发了美国数家大银行的巨额贷款损失，凸显了银行管理国际信用风险的重要性，危机甚至会导致国家的失败和社会进步的停滞。

【专题 8：1980 年代的拉丁美洲债务危机】

拉丁美洲经济危机是拉丁美洲众多国家的经济于 1980 年代（部分国家则始于 1970 年代）陷入危机，引发其国内的金融制度接近崩溃，甚至影响到国际的金融体系。

1982 年 8 月，墨西哥政府宣布了一个震惊金融界的声明：“该国无法按期履行偿债义务。”此前，诸如牙买加、秘鲁、波兰和土耳其等国都曾陷入还债困难的危机，而墨西哥政府的此声明被视作是 80 年代发展中国家债务问题的开端。这一时期发展中国家的债务问题，细究起来是诸多因素联合作用的结果。其中一些是债务国的外部因素，另一些是债务国内部之经济政策的直接产物。

从外部因素方面来看，1973 年至 1974 年的全球石油价格大涨，使得欧洲各国储备的美元迅速散播到全球各地。石油输出国将巨额的石油收入存入欧洲的国际银行，而这些银行再将钱贷给发展中国家，石油冲击使得发展中国家可以得到的国际贷款大为增加。且由于贷款利率低，实际利率

---

① Q 条例，是指美联储按字母顺序排列的一系列金融条例中的第 Q 项规定。后来，“Q 条例”变成对存款利率进行管制的代名词。

② 可转让支付命令账户（Negotiable order of withdrawal Account，NOW），也称为付息的活期存款，是既可用于转账结算，又可支付利息，年利率略低于储蓄存款，提款使用规定的支付命令，和支票一样，可自由转让流通。超级可转让支付命令账户（Super Negotiable Order of Withdrawal Account，Super NOW/SNOW），即超级 NOW 账户，是可转让支付命令账户的创新发展。

甚至为负，债务国如巴西及墨西哥等国都认为低利率和出口创汇的增长使得偿还贷款不成问题。而在此时，商业银行又将花旗银行主席瑞斯顿的话奉为圭臬：“国家永不会破产。”进而不断增加对发展中国家的借出贷款。（这方面类似中国购买美国国债的特点，认为“美国永远不会破产”。）除此以外，其他的借款人，比如各国政府，也增加了他们对发展中国家的贷款。透过出口信贷机构贷款给发展中国家，他们一边能购买债权国的廉价出口产品。（此点也类似中国和美国的关系，中国大量购买美国国债，以便使美国有更多的资金进口中国的商品。）

直到1970年代末期，长期依赖低利率和发展中国家自身的高出口增长，还没有人重视发展中国家的债务违约问题。但1980年代早期，经济形势发生了变化。在1981年之前，美国是全世界重要的资本来源之一，但是到了1983年，里根革命逆转了这一情势。从1981年到1986年，仅五年时间就使美国从全球最大的债权国变成了全球最大的债务国，资本源源不断地从世界各地流往美国，提高了全球范围内的资金使用成本。此外，联准会主席沃克尔顿所领导的反通膨政策也引起了国际利率迅速上升，而利率攀升的同时还导致原物料价格的下跌，而拉丁美洲的发展中国家大多依靠贩售国内蕴藏的自然资源以赚取外汇，自然资源的国际价格滑落对其有不利的影响。债务国必须面临双重威胁，即攀升的利率和走低的出口货物价格，一方面偿债负担加重，另一方面偿债能力也在下降。

由于债务国大多数的借款利率为浮动制，利率的上升使他们变得不堪一击。当80年代初期的利率陡然上升时，拉美国家的债务大幅上升，光是偿还利息的部分便占了年出口值的30%。

巴西在1973年石油危机之后，致力于实施公共投资和能源替代为基础的发展策略；墨西哥的财政扩张则主要用在石化业的巨额投资；阿根廷的赤字则由数个原因所引发，例如1970年代的政治动荡、与英国开打的福克兰战争（中国译为“马岛战争”）所引发的巨大国防开支、国企和地方政府的长期赤字和税金征收的无力，等等。

国内的资本流出也加剧了发展中国家的偿债困难，所有发展中国家的贵族阶层在高利率的刺激下，开始加快向海外转移资本的速度。世界银行估计，仅墨西哥一个国家，在1979至1982年之间，就由于资本流出而损失了265亿美元的资本。

从此，这些本来要一跃进入发达国家阵营的拉丁美洲经济体，掉进了“中等收入陷阱”，一待就是30多年……

资料来源：杰奎琳·罗迪克（Jacqueline Roddick）．成百万美元的飘荡：拉丁美洲及其债务危机．太原：山西经济出版社．1992.。

在国际层面，由于跨境监管的出现，资本充足率监管成了最直接、也是最有效的跨境监管工具。主要包括两方面：（1）跨国银行与一般公司不同，信息不对称使跨国银行的外部主体（如监管者和市场参与者）难以查知跨国银行的资产状况及其是否足以应对经营风险，因此需要对跨国银行实行专门的资本充足性监管，以防范由于信息不对称导致的灾难性风险。（2）由于跨国银行独特的负债经营方式及其在各国国民经济中的核心地位，决定了其自身必须具有充足的资本作为对债权人的财产担保，否则便容易引发支付危机与挤兑风险；因此，为了保证银行业的稳定和存款人的利益，有必要对跨国银行制定专门的资本充足性标准。（3）伴随着20世纪70年代金融自由化浪潮的涌起，监管者曾一度放松过对跨国银行的资本充足性管制。跨国银行一方面拓展其风险贷款及发展金融创新业务，另一方面却没有相应地追加资本用于抵御风险，这种业务风险与资本充足性的比率悬殊越来越大，并酿成了多次银行危机。在此背景下，各国监管当局纷纷掀起了对跨国银行资本充足性进行“再管制”（re - regulation）的浪潮。实践证明，放松资本充足性管制要求并非金融自由化的必需条件，恰好相反，金融自由化使银行卷入越来越多风险莫测的业务中，更需要加强银行的资本充足性要求以抵御上述风险。①

有鉴于此，各国均制定了相应的银行资本充足性②要求，但由于各国金融政策各不相同，对资本充足性的监管标准也存在差异，直接影响到跨国银行的经营成本和盈利能力。受管制相对宽松的银行，其资金成本较

---

① 蔡奕，巴塞尔新旧资本协议比较与我国商业银行资本充足性监管的完善［J］《南方金融》2002年第6期．

② 人们在判断银行的资本是否充足时，主要是将银行的资本和经营规模相比较，即用资本与总资产或总负债相比来衡量银行经营者对资本的放大作用，因此也称为杠杆比率。如果杠杆比率过高的话，那么资本就相对不足。但是，杠杆比率存在一个明显的缺陷就是没有考虑银行资产的风险大小。在20世纪70年代中期以后，人们引入了资本充足率的概念，使用资本与风险加权资产的比值来衡量资本的充足程度，我们称之为资本充足率（Capital Adequacy Ratio），很多监管者和业内人士称之为CAR。因此，资本充足率概念的出现也就是不到三十年的历史。

低，资产收益率相应增加，竞争优势明显；反之，受管制较为严格的银行，则会在竞争中处于不利地位。在G10国家首脑的支持下，巴塞尔委员会成员决心制止银行体系资本弱化和杠杆的继续提高，努力在资本充足率平衡方面进行融合，应制定一套风险资产杠杆和资本平衡之间的计算逻辑，统一资本监管要求，为跨国银行的活动提供一个公平的竞争场所（leveling the playing fields），于是1988年巴塞尔委员会推出了第一份资本充足性国际文件《统一国际银行资本衡量与资本标准的协议》（简称巴塞尔旧资本协议，巴塞尔Ⅰ）。

可见，20世纪70年代是国际银行业监管的一个重要分水岭，它深刻地改变了国际银行业的外部运行环境。银行业所面临的信用风险、市场风险与操作风险开始显现，并有可能演化成巨额的亏损，最终吞噬银行的全部资本。一旦突破银行的自有资本界限，银行存户的利益就得不到有效保障，在这种情况下，即使存在银行体系的安全网（如存款保险制度、中央银行的最后贷款人角色等），也难以防止存户对银行体系的挤提等严重事件的发生。于是，银行的资本结构监管便被各国银行监管者提上了议事日程。事实上，当年德国赫斯塔特银行和美国富兰克林国民银行的破产已经引起了国际监管界的高度重视，因为一国银行的倒闭或破产通过国际间的支付渠道与支付协议必将影响到另一国稳健银行的流动性状况，导致其陷入经营困境。这表明国际银行体系的健康与稳定需要各国监管当局的密切合作与协调一致。20世纪80年代，随着日本经济在第二次世界大战后的迅速崛起以及世界贸易与全球金融的一体化进程加快，日本银行业的国际化日益显著，日本银行的高速资产扩张战略意图明显，80年代末，以资产规模排名，10家全球最大的银行中，日本银行占据了前五位。日本银行业的国际性扩张，严重破坏了国际银行业的竞争环境，因为其他国家的银行（如美国、英国等）均有明确的资本比率限制，而日本却没有，这使得日本银行在国际银行业的竞争中具有很强的竞争优势，同时也孕育着巨大的盲目扩张的风险。这种情况引起了国际银行业的强烈不满，国际银行界对公平竞争的诉求日益强烈，直接促使了1988年巴塞尔协议的诞生。

第二章 硝烟弥漫——巴塞尔协议 I、II、III

（一）最初的梦想（巴塞尔 I）：资本充足率的问世

1. 故事的开始

根据巴塞尔委员会的历史资料①，巴塞尔委员会（其全称为巴塞尔银行监管委员会，Basel Committee on Banking Supervision）成立于 1974 年年底，其秘书处设立于瑞士巴塞尔的国际清算银行（Bank for International Settlements，简称 BIS），成立的缘由是鉴于当时国际货币与银行市场的急剧动荡（主要是 1974 年 6 月联邦德国赫斯塔特银行破产和 1974 年 10 月 8 日美国富兰克林国民银行倒闭），其成员最初来自“十国集团”② 国家的中央银行或银行监管当局，目前扩大到 13 个国家。③ 30 多年来，共有 10 多位来自成员国中央银行的行长出任该委员会主席，其中有两位对新旧巴塞尔协议做出了直接的贡献，分别是来自英格兰银行的 W. 库克（1977 ~ 1988）及来自纽约联邦储备银行的麦克唐纳夫（1998 ~ 2003）。巴塞尔委员会的宗旨是制定广泛的银行监管准则、发布各项监管指引及推荐银行业的最佳实践原则（best practice），目的是通过提高全球银行监管的质量来加强金融稳定，并成为其成员国之间在银行监管事务上定期合作的论坛。委员会第一次会议于 1975 年 2 月举行，每年定期举行会议三至四次。

巴塞尔委员会成立以来，已将其从 G10 的成员从 28 个管辖区扩大到 45

---

① 资料来源：www. bis. org 。

② 十国集团，G10（Group of Ten），又称为 G10，是由 11 个工业化成员国组成，包括美国、英国、法国、德国、意大利、日本、加拿大、比利时、荷兰、瑞典、瑞士等 11 个国家，主要目标是协调各国的货币与财政政策。

③ 除“十国集团”11 个国家外，还有卢森堡和西班牙。

个机构。从巴塞尔协议开始，1975 年首次发布并修订了数次，委员会已经制定了一系列国际银行监管标准，其中最著名的是其关于资本充足率协议的里程碑式的巴塞尔协议。巴塞尔委员会逐渐成为处理银行国际监管问题最为重要的组织之一，它主持召开了多次国际性会议和大量研究，讨论对国际银行实施有效监管的问题，并由此产生了多项具有较大国际影响的协议。

20 世纪 70 年代中期到 80 年代中期，国际银行业面临许多外部不稳定因素，银行业风险（主要风险和信用风险）大幅上涨，特别是当时的美国银行业。拉美的债务危机更容易受到美国新兴市场在美国银行业的信贷风险的影响，因为联邦储备银行正在努力应付银行利率频繁的上涨。而20 世纪初，美国大银行的资本比率低，触发了美联储和其他监管机构在 1981 年首次要求美国银行维持 5.5% 的资本（主要是资本和贷款损失准备组合）和总资产比率。从今天看，资本比例太粗糙，没有考虑到资产的风险，而与原来的监管观念相比，其先进性质无疑是无可置疑的。至少银行的资产扩张必须受到资本的严格限制，银行的风险管理也要不断改善，尽量减少银行资本因各种损失的侵蚀。

20 世纪 80 年代风行全球的银行资产负债管理模型（ALM）源于美国银行界。资产和负债管理（ALM）是一个重要的风险缓解工具，不仅适用于银行，也适用于其他商业机构。许多有资产投资企业的目标是为银行、保险公司和养老基金等负债经营者提供资金。因此，ALM 应该是选择核心投资组合的投资重点和基础，如养老金资产管理。保险公司长期以来一直是 ALM 的“热衷者”，基于改善养老金计划的资金比例（资产/负债），适当的 ALM 应该是协调一致的。总而言之，ALM 可以被定义为处理利率风险管理的过程，无论是适用于银行、保险公司、养老金还是其他企业。

尽管没有当事人愿意承认，巴塞尔Ⅰ受到美国资本充足率监管实践的直接影响，但从巴塞尔Ⅰ的正式文本中，可以看出“核心资本”与美国的“初级资本”在概念上极其相似，也反映了美国的资本充足率监管理念得到了巴塞尔委员会的高度认同，为 Basel Ⅰ的框架形成奠定了基础。

经过数年的研究与磋商，巴塞尔委员会于 1987 年 12 月提出了关于巴塞尔Ⅰ的咨询文件并向十国集团及世界其他国家的银行监管当局广泛征求意见，在反馈意见的基础上，巴塞尔委员会对咨询文件进行了修订并于 1988 年 7 月正式公布巴塞尔Ⅰ正式文本。巴塞尔Ⅰ的两个基本目标是：

(1) 加强国际银行体系的安全性与稳定性;(2) 协议框架在各国银行业内实施时应该是公平的且具有高度的一致性,以便消除国际银行间造成不平等竞争的现存根源。巴塞尔 I 的主要内容是,提出了 8% 的最低资本充足比率,该比率是资本与加权风险资产的比率,其计算依赖于对资本的定义与资本构成的说明,以及对银行资产的分类与每一类别资产的风险权重。

2. 世界上第一部资本协议

1988 年 7 月巴塞尔旧资本协议文本公布,1989 年开始实施。旧资本协议主要由四部分内容构成:资本构成、风险加权权重、目标标准比率和过渡期实施安排。

【专题 9:1988 年巴塞尔协议基本内容】

1. 资本的构成

(1) 核心资本 (Tier 1)

· 股本,含实收普通股股本和不可赎回、不可累积收益的优先股股本

· 公开储备,即以公开的形式,通过保留盈余反映在资产负债表上的储备,如股票发行溢价、未分配利润、普通和法定准备金的增值部分等

(2) 附属资本 (Tier 2)

· 非公开储备,指未公开但已反映在损益账户上,并为监管当局所认可的储备

· 资产重估储备,包括物业重估储备和证券重估储备

· 普通准备金和坏账准备金

· 带有债务性质的资本工具,如带固定股息的长期优先股等、次级长期债务,如 5 年期以上的金融债券

附属资本总额不得超过核心资本总额的 100%;次级长期债务不得超过核心资本总额的 50%;坏账准备金最多不得超过风险资产的 1.25 个百分点。

2. 风险加权的计算标准

银行资产根据信用风险分为五类,风险权重为 0% (如现金,黄金,本国债券,如国库券),20% (证券化如抵押支持证券 (MBS) 等) 最高 AAA 评级,50% (市政收入债券,住宅抵押贷款),100% (例如,大多数企业债务),一些资产没有评级。有国际业务的银行必须持有相当于其

风险加权资产（RWA）8%的资本。

3. 资本结构比率

$$CAR = \frac{CAPITAL(Tier1 + Tier2)}{[\text{Credit Risk}]\sum_{i=1}^{n} A_i W_i}$$

1988 年巴塞尔资本协议的风险资产主要为信用风险资产，旧资本协议建议将资本充足率底线确定为 8%（其中核心资本须达到 4%），要求跨国银行在 6 年过渡期（1987 年年底到 1993 年年底）对其资本基础进行必要调整，以达到上述最低要求。

1988 年巴塞尔协议正式文本公布后曾有过许多修订，其中最重大的一次修订是 1996 年 1 月引入了市场风险资本的计算，在修订框架中，市场风险包括了银行债权和股权工具的交易账户和相关表外合约的风险，外汇和商品风险等。巴塞尔委员会给定了两种计算市场风险的方法：内部模型法和标准法。

资料来源：国际清算银行，巴塞尔协会，www. bis. org。

3. 意义

面对银行通过放大杠杆的“炼金”魔法，巴塞尔协议 I 是历史上第一个完整规范对资本内生比例进行限定的国际统一的规范。有三方面的深远影响：

（1）统一了银行的健康标准——定量监测。通过风险权重体系的量化标准，外部监管机关能够清晰地评价跨国银行的资产风险状况，也敦促跨国银行尽力持有低风险资产。

（2）明确了吸收损失的概念——给人们信心。保证银行有充足的资本用于因信用风险造成的贷款损失，提高银行经营的安全系数和投资者对银行的信心。

（3）消除了不平等竞争——创造公平竞争环境。以统一的规则和标准消除国际金融市场上各国银行之间的不公平竞争。现今全世界已有 100 多个国家接纳和实施了旧资本协议的资本充足性标准。

第一版资本协议被广泛认为是全球银行界的“神圣条约”，资本充足率作为银行监管的核心指标，终于问世！

4. 改进

协议总是随着时间的推移而发展。1991 年 11 月进行了修改，以更准确地界定可纳入资本充足率计算的一般条款或一般贷款损失准备金。1995年4月，委员会又发布了一项修正案，即在年底生效，承认银行信用风险暴露在衍生产品中的双重扣除效应，并扩大附加因素矩阵。1996年4月，又发了一份文件，说明委员会成员如何认识到多边网的影响。

1988年巴塞尔协议的重点，还是局限于银行的信用风险。随着全球化浪潮的不断提速，银行面临的信用风险以外的风险情况更为复杂，影响着巴塞尔委员会也开始逐渐关注起这些新兴的风险类型。1996年1月，经过多轮磋商，巴塞尔委员会发布了市场风险的资本计量规则，并定于1997年底生效。这套市场风险计量规则，在当时是具有重要现实意义的。当时银行体系已经形成了在全球层面的外汇、有价证券、股票、商品、期权等成熟交易市场，市场的波动对于银行的影响越来越大。这套规则正是帮助银行面临外部复杂的市场波动，适度增加资本所设计的，可谓是与时俱进、切中要害！

(二)“模型控”登场（巴塞尔II）：高级迭代

1.“世纪之交”的改变——更准、更细、更活

1997年东南亚金融危机爆发后，“炼金术”杠杆魔法对于经济的摧毁开始让人震惊！货币被击穿、经济遭遇停止、企业破产、人民失业、甚至政权倒台……金融系统全球化趋势在带来诸多好处的同时也使得金融风险成倍地增加，不同市场间的相互影响、银行风险和金融危机在国际间的传播不可避免，各种金融风险的监督管理开始引起越来越多的关注。

【专题10：世纪之交的梦魇：毁掉的亚洲——东南亚金融危机】

东南亚国家和地区的外汇市场和股票市场剧烈动荡，以1998年3月底与1997年7月初的汇率比较。各国股市都缩水三分之一以上。各国货币对美元的汇率跌幅在10%～70%以上，受打击最大的是泰铢、韩元、印尼盾和马来西亚令吉，分别贬值39%、36%、72%和40%。

危机导致大批企业、金融机构破产和倒闭。例如，泰国和印尼分别关闭了56家和17家金融机构，韩国排名居前的20家企业集团中已有4家破

产，日本则有包括山一证券在内的多家全国性金融机构出现大量亏损和破产倒闭，信用等级普遍下降。泰国发生危机一年后，破产停业公司、企业超过万家，失业人数达 270 万，印尼失业人数达 2000 万。

资本大量外逃，据估计，印尼、马来西亚、韩国、泰国和菲律宾私人资本净流入由 1996 年的 938 亿美元转为 1998 年的净流出 246 亿美元，仅私人资本一项的资金逆转就超过 1000 亿美元。

受危机影响，1998 年日元剧烈动荡，6 月和 8 月日元兑美元两度跌至 146.64 日元，为近年来的最低点，造成西方外汇市场的动荡。东南亚金融风暴演变成经济衰退并向世界各地区蔓延。在金融风暴冲击下，泰国、印尼、马来西亚、菲律宾四国经济增长速度从危机前几年的 8% 左右下降到 1997 年的 3.9%，1998 年上述四国和中国香港、韩国甚至日本经济都呈负增长。东亚金融风暴和经济衰退引发了俄罗斯的金融风暴并波及其他国家。巴西资金大量外逃，哥伦比亚货币大幅贬值，进而导致全球金融市场剧烈震荡，西欧、美国股市大幅波动，经济增长速度放慢。马来西亚在亚洲金融风暴后，经济成长开始缓慢。

亚洲金融风暴使亚洲国家多个政权倒下，韩国、泰国和印尼政府倒台，在韩国，执政多年的保守派大国家党在总统选举中落败，在野新千年民主党首次取得政权；在泰国，联合政府下台，由民主党重新执政；在印尼，执政 32 年的苏哈托倒台。在马来西亚，执政 17 年的马哈迪把其副总理安华革职。日本首相桥本龙太郎辞职，俄罗斯更是一年之内连换六届总理。此后这些国家都面临不同程度的民主倒退。

资料来源：维基百科；Cheetham，R. 1998. Asia Crisis. Paper presented at conference，U. S. – ASEAN – Japan policy Dialogue. School of Advanced International Studies of Johns Hopkins University，June 7 – 9，Washington，D. C.

以 1998 年美国长期资本管理公司（Long – Term Capital Management，简称 LTCM）损失的事件为代表，信用 + 市场的风险犹在，更关键的是操作风险又来捣乱！全面风险管理箭在弦上。

在这个阶段，道高一尺、魔高一丈！为了逃避巴塞尔 I 的资本监管，很多金融机构开始研制新版“炼金术”，把杠杆工具进一步升级，利用证券化等，把低风险留在“表内”，高风险逃之夭夭，最夸张的表内外风险总量相差 100 多倍！就像一个巨大的堰塞湖，风险一天天地在累加。

正因为如此，巴塞尔 I 在实施的过程中受到了多方面的批评，巴塞尔委员会也意识到旧资本协议的一些内在缺陷，开始着手更新一般巴塞尔协议的制定工作。

1999 年 6 月，巴塞尔委员会提出了一项新的资本充足框架，以取代 1988 年旧资本协议，一般被称为“巴塞尔协议 II”，修订的框架包括三个支柱：

（1）最低资本要求，旨在制定和扩大“1988 年协议”规定的标准化规则

（2）对金融机构资本充足率和内部评估流程的监督审查

（3）有效利用披露作为杠杆，加强市场纪律，鼓励健全银行业务

巴塞尔协议 II 旨在改善监管资本要求反映潜在风险的方式，更好地解决近年来发生的金融危机，奖励和鼓励风险测量和控制的持续改进。该框架于 2004 年 6 月最终发布，经过了近六年的精心准备。在此期间，巴塞尔委员会广泛咨询了银行部门的代表、监督机构、中央银行和外部观察员，以便对风险敏感的资本要求开展更多的工作。

为了在更大范围内强化风险监管，巴塞尔委员会对银行账户进行了划分，分为两大类。第一类：银行账户，是指主要通过生息资产、负债，产生定期利息收入和支出的账户，包括贷款、存款等银行最传统的业务；第二类：交易账户，在这里，银行的目的不再盯着利息，而是意图通过在活跃市场频繁交易来获取价差利益，包括债券交易等相对复杂、创新性强的业务。为了加强对交易账户的监控，巴塞尔委员会与国际证券委员会（IOSCO）进行合作，于 2005 年 7 月联合发布了针对交易账户风险计量的处理规则。为便于执行，这部分内容与 2004 年 6 月的内容相结合，形成了《巴塞尔 II－资本计量和资本标准的国际趋同：经修订的框架》（Basel II：International convergence of capital measurement and capital standards：A revised framework－Comprehensive version），于 2006 年 6 月完整发布。

巴塞尔委员会认为，旧资本协议过分强调银行的整体资本充足性，这固然对减少银行偿付能力风险和保护存款人利益是必不可少的，但旧资本协议却忽略了银行的安全稳健性不仅仅来源于资本充足性，还有赖于银行的内部控制和管理、监管者的外部评估以及市场约束。巴塞尔协议 II 就是综合考虑上述因素而推出的，与旧资本协议的最大原则性区别在于新资本

协议更具灵活性和风险敏感性。新资本协议并非对旧资本协议的简单否定，而是一种审时度势的扬弃和更新。新资本协议强调了现代跨国银行监管的三大支柱：最低资本要求、监管者外部评估和市场约束。其中的第一支柱——最低资本要求中，就全面继承了旧资本协议关于资本构成、资本充足率计算的规定。但与旧资本协议相比，新资本协议除了更精细、更全面地评估银行信用风险、市场风险及操作风险等各种因素外，提出了比旧资本协议更复杂、更具风险敏感性的框架、原则和方法。

支柱一：最低资本要求

新资本框架保留了旧资本协议关于资本构成定义和资本充足率8%的规定，为了适应银行集团的发展，新资本协议要求将新资本要求拓展适用于银行集团中的银行持股公司。与既往的资本充足率计算公式不同，新资本协议以明确的信用风险、市场风险和操作风险取代传统计算公式中笼统的"风险资产"的概念，其具体公式为：

$$CAR = \frac{CAPITAL(Tier1 + Tier2 + Tier3)}{[\text{Credit Risk, Market Risk, Operational Risk}]\sum_{i=1}^{n} A_i W_i}$$

对于三大风险，巴塞尔协议Ⅱ进行了完整规范的界定。见下图。

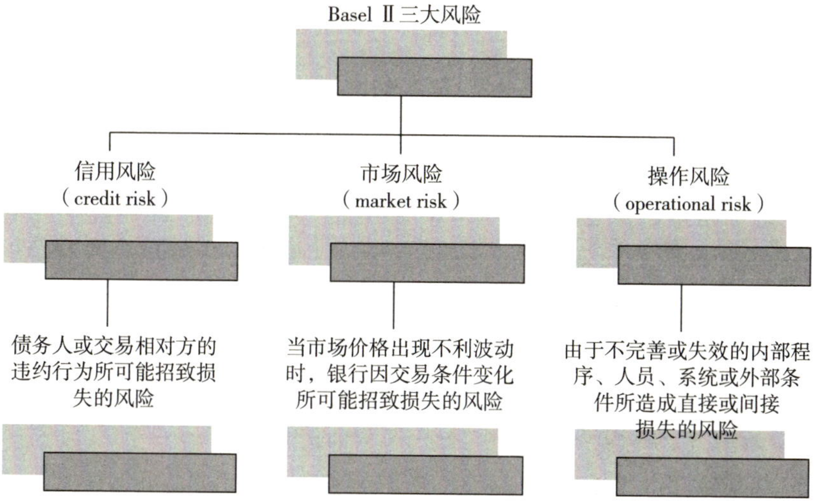

图1　Basel Ⅱ三大风险示意图

巴塞尔Ⅱ拓宽了监管视野，将市场风险和操作风险也纳入了风险资产的计算范畴，从而使资本充足率的估算更具风险敏感性，更能反映银行资产所面临的真实风险状况。在具体风险的度量方法上，新资本协议也对旧资本协议的方法作了完善和发展；同时，提出了两种基于复杂数据模型计算的方法——基础内部评级法和高级内部评级法。

支柱二：外部监管评估

外部监管评估指的是监管者的责任：守土有责、责任担当，即监管者要了解银行，从外部监管的角度对银行进行监测把控，避免危机重演。

（1）提要求：银行必须保持高于最低标准的资本。

（2）讲证据：银行应有一套根据风险程度评估其资本充足率并将资本保持在适当水平的策略方法。

（3）有评价：监管部门应认真评审上述策略方法及其遵循情况。

（4）早干预：在出现异常风险状况时，监管部门应早期干预，防止银行资产状况恶化。

支柱三：市场约束

因为传统的银行治理和监管都是在“信息不对称”的限制性背景下探讨相应的对策，不能从根本上改变银行与投资者、债权人、储户以及其他市场主体信息不对称的地位。巴塞尔 II 让公众有机会看到一定程度上的银行的经营本质和资本情况，可以通过资本充足率等指标来评估其杠杆程度，“用脚投票”来迫使银行“去杠杆、补资本”，保持金融体系的稳定。

【专题 11：信息披露 VS 银行股价——德意志银行】

2016 年 7 月 27 日，德意志银行在 2016 年二季度财报中公布“利润同比暴跌 98%”。该银行表示，造成业绩下滑的主要原因是金融市场的动荡、包括英国公投在内的宏观经济不确定性，以及欧洲的超低利率环境。此外，信贷损失准备金大幅增加 72% 至 2.59 亿欧元，也对经营业绩带来较大影响。

投资者当天就做出了反应……

股价当天暴跌 30%，数十亿欧元顷刻间蒸发。

资料来源：德意志年报，谷歌财经。

（三）危机后的改革（巴塞尔 III）：痛定思痛①

1. 顶层设计——国际社会最高程度介入全球金融监管

2008 年以来的全球金融危机的爆发，促使全球金融监管当局反思监管框架并加强了对大型金融机构的监管，尤其是系统性风险的防范问题，对次贷危机和巴塞尔协议 II 的争议和反思，直接推动了巴塞尔协议 III 的迅速出台。这场源于美国次贷危机、波及全球、至今余威尚存的全球金融危机充分暴露了发达经济体主要金融机构业务模式、发展战略方面存在的根本性缺陷，以及金融监管方面存在的漏洞。危机以来，按照二十国集团领导人确定的金融监管改革目标，在金融稳定理事会（FSB）主导下全球主要经济体携手共建金融监管新框架，力图通过严格审慎的监管打破金融危机的恶性循环，防止大规模的金融危机再次爆发。

本轮危机以来，二十国集团（G20）取代七国集团（G7）成为国际经济金融治理的最重要平台，G20 领导人系列峰会明确了国际金融监管的目标和时间表，定期审议国际金融监管改革进展，并确定国际金融改革的最终方案。2008 年 11 月 15 日 G20 华盛顿峰会通过了加强金融监管的行动方案和原则，包括提高透明度和问责制、强化审慎监管、提升金融市场的诚信和改进金融监管国际合作。2009 年 4 月 2 日 G20 伦敦峰会提出，建立强有力的、全球一致的金融监管框架，主要包括：重新构建监管架构识别和应对宏观审慎风险；扩大金融监管范围，将系统重要性金融机构、市场和工具纳入审慎监管范围；改进金融机构的薪酬机制；提高金融体系资本质量和数量，遏制杠杆率累积；改革国际会计规则，建立高质量的金融工具估值和准备金计提标准等。

2009 年 9 月 25 日 G20 匹兹堡峰会进一步指出，建立高质量的监管资本，缓解亲经济周期效应，并从 2012 年年底开始实施新的资本和流动性监管标准；实施 FSB 稳健薪酬机制的原则及其执行标准，提升金融体系稳定性；改进场外衍生品市场，2012 年年底前所有标准化的场外衍生合约通过中央交易对手清算；2010 年年底提出降低系统重要性金融机构道德风险的

① 本部分内容部分参考中国银监会官方解读，www. cbrc. gov. cn 。

一揽子方案。2010 年 6 月 25 日的 G20 多伦多峰会首次明确了国际金融监管的四大支柱，一是强大的监管制度，确保银行体系依靠自身力量能够应对大规模冲击，采用强有力的监管措施强化对冲基金、外部评级机构和场外衍生品监管；二是有效的监督，强化监管当局的目标、能力和资源，以及尽早识别风险并采取干预措施的监管权力；三是风险处置和解决系统重要性机构问题的政策框架，包括有效的风险处置、强化的审慎监管工具和监管权力等；四是透明的国际评估和同行审议，各成员国必须接受国际货币基金组织和世界银行的金融部门评估规划（FSAP）和金融稳定理事会的同行审议（peer review），推进金融监管国际新标准的实施。

【专题 12：巴塞尔委员会报告——金融危机中国际金融监管改革的几个重点】

为有效应对全球金融危机揭示出的金融体系脆弱性，本轮金融监管改革涵盖了微观、宏观和中观三个层面，这三个层面的改革既各有侧重，针对性地解决不同性质的问题；又具有逻辑一致性，相互支持和有机结合。

1. 微观金融机构层面的监管改革。目的是提升单家金融机构的稳健性，强化金融体系稳定的微观基础。微观层面的改革包括：提升金融机构的风险管理能力；全面改革资本充足率监管制度，大幅度提升银行体系吸收损失的能力；引入杠杆率监管，约束银行体系的杠杆效应，缓解去杠杆化的负面影响；建立量化的流动性监管标准，增强单家银行应对短期流动性冲击的能力，降低资产负债期限错配程度；改革金融机构公司治理监管规则，引导金融机构建立集团层面的风险治理架构，推动金融机构实施稳健的薪酬机制，确保薪酬发放的数量、期限与所承担的风险暴露及风险存续期更加一致；提高金融机构的透明度要求，增强市场约束等。

2. 中观金融市场层面的监管改革。目的是强化金融市场基础设施建设，修正金融市场失灵。中观层面的改革措施包括：改革国家会计准则，建立单一的、高质量的会计制度；扩大金融监管范围，将不受监管约束或仅受有限约束的准金融机构（“影子银行体系”），如对冲基金、私人资金池、按揭贷款公司、结构化投资实体、货币市场基金等纳入金融监管框架；加强外部评级机构监管，减少利益冲突，降低金融监管以及金融机构对外部评级的依赖程度；改革场外衍生品市场，推动场外交易合约标准化，鼓励通过中央交易对手进行交易；提高不同金融部门监管标准的一致性，缩小不同金融市场之间监管套利的空间；改革金融交易的支付清算体系，降低风险传染性。

3. 宏观金融系统层面的监管改革。目的是将系统性风险纳入金融监管框架，建立宏观审慎监管制度。宏观层面的改革措施包括：建立与宏观经济金融环境和经济周期挂钩的监管制度安排，弱化金融体系与实体经济之间的正反馈效应；加强对系统重要性金融机构的监管，包括实施更严格的资本和流动性监管标准，提高监管强度和有效性，建立“自我救助”机制，降低“大而不倒”导致的道德风险；对具有全球系统重要性影响的金融机构，还应加强监管当局之间的信息共享和联合行动，建立跨境危机处置安排，降低风险的跨境传递。

资料来源：国际清算银行，巴塞尔银行监管委员会，www. bis. org。

2. 闪电登场——最快出炉的“巴塞尔 III”

在次贷危机之后，新协议的补充文件主要集中在公允价值的度量和建模、健全流动性监管的若干原则和额外风险要求准则等。而这次新协议所进行的大规模监管改革，主要集中在以下领域：一是资本监管要求，包括资本的重新定义、资本留存缓冲、逆周期资本缓冲和杠杆比率；二是流动性监管要求，给出了流动性监管的一些工具；三是对巴塞尔协议 III 的过渡期的时间表安排。巴塞尔协议 III 从 2009 年 7 月提出提案，到 2010 年 9 月决议通过，不到 1 周岁就“匆匆问世”，体现了加强银行体系监管的重要性和紧迫性。到 2010 年年底，巴塞尔银行监管委员会（BCBS）对新的资本要求进行微调，各银行逐步采用巴塞尔协议 III 的实施标准。

2009 年中以来，基于本轮金融危机的教训，巴塞尔委员会对现行银行监管国际规则进行了重大改革，发布了一系列国际银行业监管新标准，统称为“第三版巴塞尔协议”。巴塞尔 III 体现了微观审慎监管与宏观审慎监管有机结合的监管新思维，按照资本监管和流动性监管并重、资本数量和质量同步提高、资本充足率与杠杆率并行、长期影响与短期效应统筹兼顾的总体要求，确立了国际银行业监管的新标杆。

（1）资本充足登上监管之巅——以资本充足率为核心的一揽子监管工具

一直以来，资本充足虽然长期位居金融监管的核心位置，但从未被像巴塞尔 III 这样被明确定位为最重要的监管抓手，没有之一！这也是 G20 公报确定的，资本充足监管就是本轮金融改革的绝对中心，因为所有金融风险的集中爆发，就像山上滚下来的雪球一样，一定要碰到“那堵墙”才会停止，而筑墙的材料只能是实实在在的资本。

（2）引入杠杆率监管标准。本轮危机之前，金融工具创新以及低利率的市场环境导致银行体系积累了过高的杠杆率，使得资本充足率与杠杆率的背离程度不断扩大。危机期间商业银行的去杠杆化过程显著放大了金融体系脆弱性的负面影响。为此，巴塞尔委员会决定引入基于规模、与具体资产风险无关的杠杆率监管指标，作为资本充足率的补充。2009 年 12 月发布了杠杆率计算方法的征求意见稿，2010 年 7 月巴塞尔委员会就杠杆率计算方法与监管标准达成共识，自 2011 年年初按照 3% 的标准（一级资本/总资产）开始监控杠杆率的变化，2013 年年初开始进入过渡期，2018 年正式纳入第一支柱框架。

（3）建立流动性风险量化监管标准。危机爆发的前几年，全球金融市场较低的利率水平以及金融交易技术的创新，增强了资本市场活力，银行融资流动性和资产流动性同时扩大，对金融市场流动性的依赖性明显增强。本轮危机暴露出欧美大型银行过度依赖批发型融资来源的内在脆弱性。为增强单家银行以及银行体系维护流动性的能力，2009 年 12 月巴塞尔委员会发布了《流动性风险计量标准和监测的国际框架（征求意见稿）》，引入了两个流动性风险监管的量化指标。一是流动性覆盖率（LCR），用于度量短期压力情境下单个银行流动性状况，目的是提高银行短期应对流动性中断的弹性。二是净稳定融资比率（NSFR），用于度量中长期内银行解决资金错配的能力，它覆盖整个资产负债表，目的是激励银行尽量使用稳定资金来源。

（4）确定新监管标准的实施过渡期。鉴于目前全球经济复苏存在不确定性，为防止过快引入新的银行监管国际标准对经济复苏潜在的不利影响，按照 G20 领导人的要求，巴塞尔委员会从宏观和微观两个层面对国际新监管标准实施可能带来的影响进行了评估。根据评估结果，9 月 12 日召开的中央银行行长和监管当局负责人（GHOS）会议决定设立为期 8 年（2011 年 -2018 年）的过渡期安排。各成员国应在 2013 年之前完成相应的国内立法工作，为实施新监管标准奠定基础，并从 2013 年年初开始实施新的资本监管标准，随后逐步向新标准接轨，2018 年年底全面达标。2015 年年初成员国开始实施流动性覆盖率，2018 年年初开始执行净稳定融资比例。

（5）强化风险管理实践。除提高资本与流动性监管标准外，危机以来巴塞尔委员会还发布了一系列与风险管理相关的监管原则、指引和稳健做法等。2008 年 9 月巴塞尔委员会发布了《流动性风险管理和监管的稳健原则》，从定性方面提出了加强流动性风险管理和审慎监管的建议；2009 年 4 月发布了《评估银行金融工具公允价值的监管指引》；2009 年 5 月发布了《稳健压力测试实践及监管指引》；2009 年 7 月巴塞尔委员会大幅度强化了新资本协议第二支柱框架，要求商业银行建立集团层面的风险治理框架、加强对各类表外风险的管理、重视对各类集中度风险的管理等；2010 年发布了《加强银行机构公司治理》和《薪酬原则和标准的评估方法》等，推动商业银行提升风险治理有效性和风险管理能力。

第三章　“去杠杆时代”拉开帷幕

自 2010 年巴塞尔 III 协议的定稿版本发布以来，各个国家和地区的监管机构和银行都深度介入了巴塞尔新资本协议的实施当中。可以说，巴塞尔新资本协议的实施是当前全球银行界最引人注目的一个政策实践。

2017 年 4 月份，巴塞尔银行监管委员会（BCBS）发布了《第 12 期巴塞尔 III 实施报告》，对 2011 年 10 月－2017 年 3 月期间全球巴塞尔委员会成员国的巴塞尔 III 实施情况进行了全面回顾，全球“去杠杆”大战已经取得了全面工作成果。为了监测各成员国的实施进度，2012 年，巴塞尔委员会启动了监管一致性评估计划，以监测各个国家资本法规的进展情况，并评估其一致性和分析监管结果；作为该计划的一部分，巴塞尔委员会定期监测巴塞尔标准的采用情况。该监测最初集中在“巴塞尔 III”基于风险的资本要求上，并已扩大到涵盖所有巴塞尔 III 标准。这些标准将在 2019 年前生效，一系列降低杠杆的改革开始在全球主要经济体铺开。

截至 2017 年 3 月底，所有 27 个成员国均建立了最终的风险资本规则，流动性覆盖率和缓冲资本，并已印发生效；26 个成员国管辖区已经为逆周期资本缓冲发布了最终规则，25 个已经为国内系统重要性银行框架颁布了最终或草案规则，20 个已经发布了非中央交易对手衍生工具保证金要求的最终或草案规则；20 个已经发布了逐日流动性管理监控工具的最终或草案规则。关于全球系统重要的银行框架，所有涉及的成员都已经发布了定稿的规则。

同时，巴塞尔委员会已经通过了衡量交易对手最新方法——标准法下的交易对手信用风险新规则、对中央交易对手的银行风险敞口计算规则，以及第三方支付信息披露新规定。诚然，改革总会有痛苦的挑战，并且一些成员国向巴塞尔委员会报告了他们遇到的困难；但改革的大旗不容动摇：21 个成员国管辖区现在已经发布了修订后的第三支柱披露框架的最终或草案规则；19 个已经发布了 SA－CCR 的最终或草案规则；17 个已经发布 CCP 风险暴露资本要求的最终或草案规则。现在，各国正在着手实施其他巴塞尔 III 标准，包括有关 TLAC 持有的标准，市场风险框架，杠杆率和净稳定融资比率。

在监管实施质量控制方面，通过 RCAP 项目，巴塞尔委员会已经发布了对 27 家成员国关于实施巴塞尔风险资本法规的评估报告。此外，巴塞尔 G－SIBs 框架实施情况的评估也已经于 2016 年 6 月发布，涵盖目前 G－SIBs 所在的五个司法管辖区；此外，还出版了 12 个 LCR 的评估报告，包括阿根廷、香港特别行政区、印度、印度尼西亚、日本、韩国、墨西哥、俄罗斯、沙特阿拉伯、新加坡、南非和土耳其。

（一）欧盟：革命者的圣地，坚定的统一者

为了统一揭示质量标准和口径，我们引用四项标识来描述各国的实施情况。其中：01 尚未公布法规；02 尚未发布法规初稿；03 发布定稿但尚未实施；04 发布最终规则并颁布银行已实施。下面如有类似情况，一并使用，不再赘述。

【逆周期资本】：04 发布最终规则并颁布银行已实施；巴塞尔委员会同意 2016 年 1 月起实施。说明：CRD[①] 要求国家当局颁布实施逆周期缓冲措施的具体细则，并要求在 2016 年 1 月 1 日起适用；同时，欧盟可以选择在该日期之前提出要求。主要国家情况如下：

比利时：04 发布最终规则并颁布银行已实施；根据巴塞尔 III，彻底修订《比利时银行法》，全面落实巴塞尔 III 和 CRD IV 的逆周期缓冲资本要求，其水平由比利时国家银行于 2016 年 1 月 1 日起每季度确定一次。

法国：04 发布最终规则并颁布银行已实施；2014 年 2 月 21 日在官方公报发表的文本，宣布 2014 年 2 月 20 日起执行逆周期资本要求。

德国：04 发布最终规则并颁布银行已实施；逆周期资本缓冲要求规则已转为国家法律，监管机构于 2014 年 1 月 1 日颁布生效，并于 2016 年 1

① CRD，The Capital Requirements Directives，欧盟审慎监管框架，这是欧盟根据巴塞尔协议制定的一套适用于欧盟各国银行的通行标准，已覆盖巴塞尔协议的有关内容。

月 1 日起全面实施。

意大利：04 发布最终规则并颁布银行已实施；国家立法规定了逆周期资本要求，并于 2016 年 1 月 1 日起全面实施，目前的设定为 0%。同时，为了减少意大利与其他国家框架之间的差异，对最低限额按照时间段进行更新调整——从 2017 年 1 月 1 日至 2017 年 12 月 31 日为 1.25%；2018 年 1 月 1 日至 2018 年 12 月 31 日期间为 1.875%；从 2019 年 1 月 1 日起统一为 2.5%。

卢森堡：04 发布最终规则并颁布银行已实施；颁布逆周期资本缓冲要求的法律，2015 年 7 月起生效，纳入该国 CSSF 法规体系保障执行。

荷兰：04 发布最终规则并颁布银行已实施；完整遵循欧盟程序，并纳入荷兰银行监管法案，于 2014 年 8 月 1 日实施逆周期资本缓冲要求。

瑞典：04 发布最终规则并颁布银行已实施；完整遵循欧盟程序，并通过国家立法生效。法律金融监管部门（Finans Inspektionen）（FI）设定逆周期资本缓冲的分阶段具体要求。其中：2014 年 9 月，该比率定为 1%；2015 年 6 月上调至 1.5%；而 2016 年 3 月则上调至 2%，上述缓冲率于 2015 年 9 月生效。

非欧盟 - 英国：04 发布最终规则并颁布银行已实施；2016 年 6 月 23 日英国举行脱离欧盟的全民公投。投票结果为“脱离欧盟”。公投结果公布后不久，主张英国留在欧盟的首相戴维·卡梅伦提出辞职。但根据英国金融监管部门（Prudential Regulation Authority，PRA）规定，英国脱欧后，在资本监管方面，仍然遵循欧盟程序（见 PRA PS 3/14），并沿用 2014 年 4 月发布的最终规则。

【总损失吸收能力（TLAC）】：02 尚未发布法规初稿；巴塞尔委员会同意 2019 年 1 月起实施。说明：2016 年 11 月，欧盟委员会通过了实施 TLAC 持有标准的建议，目前正在由立法委员审议。从主要国家情况看，欧盟区域内的比利时、法国、意大利、卢森堡、西班牙、荷兰、瑞典，以及非欧盟的英国：02 尚未发布法规初稿；完整遵循欧盟程序。

【市场风险资本要求】：02 尚未发布法规初稿；巴塞尔委员会同意 2019 年 1 月起实施。说明：市场风险资本要求框架的建议由欧盟委员会于 2016 年 11 月通过，目前正在由立法委员审议。从主要国家情况看，欧盟区域内的比利时、法国、意大利、卢森堡、西班牙、荷兰、瑞典，以及非欧盟的英国：02 尚未发布法规初稿；完整遵循欧盟程序。

【股权基金投资资本要求】：02 尚未发布法规初稿；巴塞尔委员会同意 2017 年 1 月起实施。说明：股权基金投资资本要求的提案由欧盟委员会于 2016 年 11 月通过，目前正在由立法委员审议。从主要国家情况看，欧盟区域内的比利时、法国、意大利、卢森堡、西班牙、荷兰、瑞典，以及非欧盟的英国：02 尚未发布法规初稿；完整遵循欧盟程序。

【标准法交易对手信用风险（SA－CCR）】：02 尚未发布法规初稿；巴塞尔委员会同意 2017 年 1 月起实施。说明：标准法交易对手信用风险（SA－CCR）的建议由欧盟委员会于 2016 年 11 月通过，目前正在由立法委员审议。从主要国家情况看，欧盟区域内的比利时、法国、意大利、卢森堡、西班牙、荷兰、瑞典，以及非欧盟的英国：02 尚未发布法规初稿；完整遵循欧盟程序。

【资产证券化资本要求】：02 尚未发布法规初稿；巴塞尔委员会同意 2018 年 1 月起实施。说明：资产证券化资本要求的建议由欧盟委员会于 2015 年 9 月通过，目前正在由立法委员审议。从主要国家情况看，欧盟区域内的比利时、法国、意大利、卢森堡、西班牙、荷兰、瑞典，以及非欧盟的英国：02 尚未发布法规初稿；完整遵循欧盟程序。

【非中央交易对手衍生工具保证金要求（NCCP）】：04 发布最终规则并颁布银行已实施；巴塞尔委员会同意 2016 年 9 月起实施。说明：非中央交易对手衍生工具保证金要求（NCCP）技术标准于 2016 年 12 月 15 日在欧盟官方公报上发布；从 2017 年 2 月 4 日起，根据交易对手的类型分阶段实施 IM 要求；从 2017 年 3 月 1 日起，逐步实施 VM 有关要求。从主要国家情况看，欧盟区域内的比利时、法国、意大利、卢森堡、西班牙、荷兰、瑞典，以及非欧盟的英国：04 发布最终规则并颁布银行已实施；完整遵循欧盟程序。

【中央交易对手资本要求（CCP）】：02 尚未发布法规初稿；巴塞尔委员会同意 2017 年 1 月起实施。说明：股权基金投资资本要求的提案由欧盟委员会于 2016 年 11 月通过，目前正在由立法委员审议。从主要国家情况看，欧盟区域内的比利时、法国、意大利、卢森堡、西班牙、荷兰、瑞典，以及非欧盟的英国：02 尚未发布法规初稿；完整遵循欧盟程序。

此外，欧盟指引在具体操作上显示了更大的统一性，通过 CRD 为各国监管当局和银行提供了很容易上手的规范指引，加速欧洲地区银行全面落实巴塞尔 III 资本相关要求；同时，由于巴塞尔协议本身源于斯、长于斯，因此在理解和把握上，欧洲国家也更具优势。

【专题 13：资本干涸的欧洲银行业】

2014 年 10 月 26 日，欧盟银行业管理局（European Banking Authority, EBA）发布了欧洲银行压力测试报告。报告显示，截止到 2013 年 12 月末，接受测试的 123 家银行中，有 24 家银行未能通过，资本金缺口达 246 亿欧元，补充资本金后缺口为 95 亿欧元。

此前的金融风暴曾令欧洲多个国家经济遭受重创，并曾导致欧元区面临解体威胁。此次调查是自金融危机爆发以来，对欧元区银行业体质情况最清晰的展现，并为欧洲央行之后履行欧盟银行业监管职责提供了决策依据。

参加此次压力测试的欧洲银行来自 22 个国家，共计 123 家，银行总资产为 28 万亿欧元，覆盖欧洲约 70% 的银行部门。此次压力测试的目的，是评估欧洲银行在经济状况转差的情况下的抗打击能力，以了解现存的脆弱性，完成欧洲银行部门的修复并提升投资者信心。

该压力测试基于截至 2013 年 12 月的各大银行资产负债表。据路透社报道，根据测试的合格标准，在未来三年里最可能出现的经济形势下，各大银行的最低核心资本充足率，即持有的高质量资产必须占风险加权资产的比例，必须占到 8%；而在恶劣的经济环境中，该比例则需达到 5.5%。

此次压力测试将资本充足率要求从此前的 5% 上调至 5.5%，并将测试的时间窗口从之前的 2 年提升至 3 年。在该标准下，经过资产质量审查调整后，欧洲银行的核心资本充足率下降 260 个基点，从测试开始时的 11.1% 降至 8.5%。测试显示，3 年后的 2016 年有 24 家银行的一级资本充足率无法达到 5.5%，总资本金缺口将达到 246 亿欧元。

其中，意大利拔得“头筹”，预计 2016 年在经济状况转差的情况下，有 9 家无法通过测试，资本金敞口总额达 94.1 亿欧元；希腊和塞浦路斯分别有 3 家，资本金敞口总额分别为 87.2 亿欧元和 23.7 亿欧元。此外，比利时和斯洛文尼亚各有 2 家，奥地利、德国、法国、爱尔兰和葡萄牙各有 1 家无法通过压力测试。

资本不足最大的银行是法国和德国的银行，包括农业银行（780 亿欧元）和法国巴黎银行（750 亿欧元），德意志银行（600 亿欧元）。

资料来源：黄斌，21 世纪经济报道，2014 年 10 月 28 日。

（二）美国：纠结的“山姆”大叔

相对于欧盟，深陷危机漩涡的美国在实行巴塞尔 III 的道路上进度相对缓慢。作为危机中的爆发源头，美国是最早发起讨论国际金融监管改革的成员国，并且在危机后率先对该国历史上长期存在的金融监管“政出多门”的局面进行大刀阔斧的改革：2010 年 7 月 21 日，时任美国总统奥巴马正式签署经过一年多修正的金融监管改革法案——《多德 - 弗兰克华尔街改革和消费者金融保护法案》（Dodd - Frank Wall Street Reform and Consumer Protection Act），力求从强化宏观审慎监管、提高监管标准、建立自救处置机制、加强影子银行监管、改革证券市场、加强消费者保护等方面改革金融监管；新法案在美联储体系下建立消费者金融保护局（Consumer Financial Protection Bureau，CFPB），对向消费者提供信用卡、按揭贷款等金融产品或服务的银行或非银行金融机构进行监管；同时，建立由 9 家金融监管机构首脑组成的金融稳定监管委员会（Financial Stability Oversight Council，FSOC），应对系统性金融风险。

2012 年 6 月 7 日，美国联邦储备委员会（The Federal Reserve Board，FRB）发布对巴塞尔 III 三部分主要内容有关规则的修订。具体包括：

（1）监管资本规则：监管资本，实施巴塞尔协议 III，最低监管资本比率，资本充足率和过渡性条款，将适用于所有存款类机构，具有合并资产总额 5 亿美元以上的银行控股公司，以及储蓄和贷款控股公司。根据国际巴塞尔协议框架，提出一级资本（Tie I）中普通股占风险加权资产（RWA）比例不低于 4.5%，并且在一级资本充足率中要有 2.5% 的逆周期资本缓冲；同时，将核心一级资本充足率最低限从 4% 提高到 6%。修改资本定义，提高监管资本工具吸收损失的能力；为国际活跃的银行业组织提供补充杠杆率。该提案还将通过纳入新的监管资本最低额度和更新有形普通股权益的定义来修订董事会及时的纠正行动框架，赋予监管机构有权立即采取纠正措施。

（2）监管资本规则：风险加权资产的标准化方法；市场纪律和披露要求也适用于所有银行机构。修改和协调银行董事会，从国家监管层面通过计算风险加权资产的规则，以提高风险敏感性并解决过去危机中的“风险痛点”。银行和监管机构使用风险加权来对不同类别的资产分配不同的风险水平——风险较高的资产需要更高的资本缓冲，而风险较小的资产需要较小的资本缓冲。

（3）高级方法的路径：由于美国是最早发起巴塞尔 II 高级内部模型计量风险的国家，很多大型银行很早就开始实施模型为主的高级计算方法，因此，FRB 对实施巴塞尔 III 之后的高级方法路径也进行了妥善的安排。

2013 年 12 月 6 日，FRB 发布市场风险计算规则，完成了美国资本监管规则与巴塞尔 III 全面对接。

从整体上看，与欧洲地区相比，美国巴塞尔 III 实施的进度的确相对缓慢，除了逆周期资本、非中央交易对手衍生工具保证金要求（NCCP）两项巴塞尔委员会“规定动作”不得不按时达标，达到 04 发布最终规则并颁布银行已实施的标准外，其余如总损失吸收能力（TLAC）、市场风险资本的新修订要求、股权基金投资资本要求、标准法交易对手信用风险、资产证券化资本要求、中央交易对手资本要求（CCP）都尚处在 01 尚未公布法规的阶段。

其中：逆周期资本巴塞尔委员会同意美国的是 2016 年 1 月，但在实施层面上，FRB 的规定是从 2019 年 1 月 1 日起全面生效；非中央交易对手衍生工具保证金要求（NCCP）巴塞尔委员会同意美国是在 2016 年 9 月，据此，FRB 于 2015 年 10 月发布最终规则，要求自 2006 年 9 月 1 日起逐步实施，并于 2020 年 9 月 1 日起全面实施。

此外，美国证券交易委员会 SEC 通过更新其净资本要求将巴塞尔新资本协议对证券交易商作为被并表的监管实体（CSEs）监管的修订包括其中。此举是为了回应欧盟的金融集团指引（Financial Groups Directive）。后者要求母公司在欧盟之外、并且其母国不采用与欧盟相同的集团范围监管的投资银行，需要接受欧盟的全球并表监管。CSE 监管为美国的投行提供了满足欧盟金融集团监管的要求，从而接受 SEC 的监管，而无须接受欧盟或英国的并表监管。

（三）道不同，不相为谋？欧美实施路径差异分析

1. 银行主导与资本市场主导的金融体系

相对美国资本市场主导型的金融体系，欧洲各国的金融体系以德国为代表，是一种银行主导型的金融体系，银行贷款所占企业外部融资的比例大大超过债券和股票所占的比例。以欧洲大陆为代表的"银行主导"模式和以美英为代表的"市场主导"模式之间存在巨大差异。欧洲大陆国家银行信贷的重要性远远大于美英两国（私人部门银行贷款/GDP 相差近 1 倍，银行存款/GDP 高了近 60%），但股票市场的重要性却截然相反（欧洲股票市值/GDP 指标仅有美英的 1/5，且就股票发行/固定资产投资资金而言，美英两国超出了欧洲大陆 1 倍有余）。

在银行主导型金融体系下，相对市场而言，银行巴塞尔 III 的执行上有天然优势；在资本市场主导型金融体系下，由于资本市场上大量公开信息的存在，由咨询公司进行的外部评级可以涵盖较广的范围。这说明，相对于美国银行而言，以提高资本要求风险敏感度为目标的巴塞尔 III，对欧洲银行适用性更强。这也是为何欧洲中央银行要求所有的商业银行如期实施巴塞尔 III，甚至很多方面实际进度比计划提前。

2. 银行业结构差异

经过近年来的管制放松和金融创新，美国银行业"两极分化"的趋势日益显著。资产规模上，大银行通过兼并收购资产规模急速膨胀。截至 2016 年 9 月 30 日的数据显示①：即便在总资产 3 亿美元以上的 1799 家银行中，总资产最大的"四大行"摩根大通（JPMORGAN CHASE）2. 11 万亿美元，富国银行（WELLS FARGO）1. 74 万亿美元，美国银行（BANK OF AMERICA）1. 67 万亿美元，花旗银行（CITIBANK）1. 36 万亿美元，四家合计高达 6. 88 万亿美元，占据全部 3 亿美元以上资产银行合计的 46%，甚至占美国政府 2016 年国内生产总值 GDP（18. 6 万亿美元）的比重也几乎达到 40%。相对而言，3 亿美元资产以上的 1799 家银行平均资产水平仅为 3. 29 亿美元，刚刚超过"入围线"的 3 亿美元。

---

① 数据来源：美国联邦储备委员会，www. federalreserve. gov。

此类超级大银行凭借规模经济集中了大部分的市场资源，而小银行客户数量有限，很容易成为大银行兼并收购的对象。在危机期间，很多中型和大型金融机构，由于身陷囹圄，也被当作大银行的兼并对象。最著名的案例，就是2008年美国最大的百年证券公司之一——美林集团（Merrill Lynch）的“卖身求生”。2008年11月26日，FRB正式批准美国银行（Bank of America）对美林集团（Merrill Lynch）的收购交易，12月5日美国银行和美林集团股东分别表决通过了收购议案，并且该项交易于同日得到欧盟委员会批准，掀起了危机后金融机构的又一场兼并收购浪潮。由于美国银行和美林集团均为美国2007年资产排名前十位的金融机构，凭借此次交易美国银行的资产规模将一举超越花旗银行和摩根大通（JP Morgan Chase），成为美国最大的银行、全球第三大银行。

业务开展上，大型银行凭借其资本、人力等优势，走全能银行的发展模式，如花旗银行将所有业务划分为消费金融、交易服务等九个类别，通过提供全能的金融服务，在享受范围经济优势的同时分散了银行风险，而小型的社区银行资金有限，开发新业务成本过高，业务集中于消费信贷和小企业贷款，为了维持市场份额，往往支付高于大银行的利息从而承担更高的风险。

而欧洲银行体系的一个显著特征就是国界内银行体系的高度集中，欧洲是世界上银行业垄断程度最高的地区。在很长一个时期内欧洲各国政府是鼓励银行结构这种集中态势的。这就导致了各国银行市场上寡头垄断的局面，但同时较为单一的银行结构也使得巴塞尔III在欧洲的实施能够全面推进。

3. 金融监管体制差异

“两极多元化”的监管体制是美国银行监管最突出的特点。分层的监管框架，众多的监管部门构成其复杂而有效的监管体系，使得美国成为世界上金融活动最为活跃而金融监管又最严格、深入和细化的国家。

【专题14：美国银行业监管机构框架】

联邦储备系统（FED）

1913年12月23日，美国威尔逊总统签署了《联邦储备法》，由此创立了承担中央银行职能的联邦储备系统。联邦储备系统的组成包括：联邦储备委员会（The Board of Governors of the Federal Reserve System）、联邦公开市场委员会（Federal Open Market Committee）、联邦储备银行（Federal Reserve Banks），以及数千家会员银行。

其中，联邦储备委员会的主要职责包括：制定货币政策，运用法定存款准备金和再贴现率两大工具，影响市场资金成本与价格，促进经济、就业和物价等经济指标的稳定；实施金融监管，控制金融市场的系统性风险；管理美国支付清算体系。

联邦公开市场委员会的主要职责是根据经济形势，决定联邦基金利率水平，运用公开市场操作这一货币政策工具，通过买卖美国国债和政府机构债券，将联邦基金利率控制在目标水平，从而影响长短期利率、汇率走势，继而引导商品生产与价格、就业状况等经济指标，以此实现货币政策目标。此外，它还负责决定货币总量的增长范围（即新投入市场的货币数量），并对联邦储备银行在外汇市场上的活动进行指导。

联邦储备银行的主要职能包括：一是货币发行职能。各联储区行负责向所在区域银行系统发放和回收现金。二是货币政策职能。联储银行参与政策制定，进行宏观经济调研并提出贴现率调整建议。三是银行监管职能。联储区行主要负责对在各州注册的商业银行、银行控股公司以及外国商业银行进行现场检查。四是政府服务职能。财政部在联储区行开设政府资金专户，各类政府部门的日常收支都通过该账户进行操作，为税收缴纳、各类国债和联邦机构债券资金的清算提供服务。五是存款机构服务职能。为各存款机构提供支票清算、转账支付、电子汇款等资金清算服务。

货币监理署（OCC）

美国货币监理署成立于1863年，隶属于财政部，总部位于华盛顿。货币监理署对在联邦注册的银行的业务活动进行全面监督管理，确保美国整个银行体系的稳定健康和竞争能力。

货币监理署的主要职责包括：一是银行监管职责。货币监理署对申请在联邦注册的商业银行（包括外资银行）进行审批，对其机构增设撤并和资本金调整等事项进行审批，并主要对联邦注册的全国性银行的境内外的各项经营活动开展监督管理。二是金融稳定职责。货币监理署通过监管服务，促进整个银行业的安全、高效和健康运行。

储蓄机构监管署（Office of Thrift Supervision，简称OTS）主要负责储

蓄协会及其控股公司的监管。但根据《多德－弗兰克法案》，储蓄机构监管署于 2012 年 7 月 21 日并入货币监理署。货币监理署因此新增了监管在联邦注册的储蓄银行和储蓄贷款协会的职能。

联邦存款保险公司（FDIC）

美国政府针对 20 世纪 20 年代到 30 年代初大量银行倒闭导致的金融危机，根据《格拉斯－斯蒂格尔法》于 1933 年成立了联邦存款保险公司，总部位于华盛顿。联邦存款保险公司的宗旨是通过提供存款保险，维护公众对银行体系的信心，监督银行安全运营，确保存款安全，维护存款人利益。该公司向参与存款保险的金融机构收取保险费，组成保险基金，在金融机构发生风险时，动用保险基金对储户补偿。

全国信用社管理局（NCUA）

全国信用社管理局负责监管所有持有联邦牌照的信用社，以及选择参加其存款保险计划的州牌照信用社。全国信用社管理局作为“最终贷款人”为信用社提供流动性支持，同时管理运作“全国信用社保险基金”，为信用社提供存款保险。

各州银行管理机构

各州政府均下设专门的银行管理局（厅），实施对州注册银行的金融监管。主要职责是准入审批并发放州注册银行执照、机构撤并；颁布并实施本州银行的监管政策和规章制度；对州立银行和其他金融机构日常经营活动进行检查；对经营不善银行吊销执照并勒令停业整顿。

资料来源：美国联邦储备委员会，www. federalreserve. gov；中国银监会，www. cbrc. gov。

为了保证巴塞尔 III 的顺利有效实施，各监管当局都希望通过各自的努力确保在机构间执行新监管框架的一致性，同时保证监管信息的机密性。上述种种计划都需要监管部门花费大量的时间和精力与银行进行充分细致的沟通，再加上美国众多的监管部门各司其职，彼此之间还要费时费力地反复协调，势必影响巴塞尔 III 的推进进度。

在欧洲，欧盟的银行监管框架属于分散监管模式：各国中央银行或专门的机构承担银行监管职能，欧洲中央银行只负责制定货币政策，不负责银行监管，但具有一定的协调、咨询职能。因此全面推广巴塞尔 III 在欧盟成员国的实施同时赋予具体操作方案较大的灵活性，既为巩固和发展欧盟单一的金融服务市场提供了国际化的统一准则，又兼顾了各成员国间的地区差异。

（四）亚洲："本土化"的典范

巴塞尔 III 自 2010 年正式定稿并发布以来，亚洲国家也已开始不同程度地将重点从原来的协议条款的修订转向具体的实施。巴塞尔 III 的制定，本意是要平衡不同发展程度金融市场银行的实际，但从实际情况看，基本上还是主要反映了当今世界发达国家银行以及国际活跃大银行的风险管理实践，这也意味着巴塞尔 III 内在的假设前提往往是较为发达的信贷市场、完善的法律和监管框架、健全的信用体系，而这些又恰恰是新兴金融市场的缺陷和不足。

在巴塞尔 III 的实施过程中，不同国家和地区开始意识到，新兴金融市场如果不考虑自身市场的固有特征，简单全盘地接受巴塞尔 III 协议，可能会产生一定程度的负面效果。一些研究机构也已经开始注意到这一趋势，发现大部分发展中国家和地区监管当局都已意识到对巴塞尔 III 进行“本土化”的重要性，但限于监管资源的匮乏，真正能够付诸实践的国家和地区寥寥无几。“本土化”是推进巴塞尔 III 落地的关键要素。

【专题 15：香港地区实施《巴塞尔协定三》的本土化进程】

香港金管局负责制定指引及监管标准，以加强对主要监管事项的了解及提高全球各地银行监管的质素。巴塞尔委员会工作的其中一个重要部分，就是作为银行资本充足程度的全球性监管标准的《巴塞尔协定二》。

香港已于 2007 年 1 月 1 日实施《巴塞尔协定二》。继于 2009 年 7 月公布《巴塞尔协定二》优化措施后，巴塞尔委员会于 2010 年 12 月推出《巴塞尔协定三》，进一步改革《巴塞尔协定二》的资本充足框架，并引入新的银行资金流动性标准。《巴塞尔协定三》的目标是加强银行业日后应对金融及经济冲击的能力。

资料来源：香港金融监管局，www. HKMA. org。

在亚洲市场，本土化的必要性主要体现在：

（1）市场情况千差万别

如：亚洲信用卡贷款、住房抵押贷款、商业房地产贷款随经济周期的起伏有比较高的波动性。近年来亚洲一些地区的信用卡坏账损失是非常严重的，比如，香港地区的损失率一度达到10%，韩国更是高达20%，韩国的信用卡危机①说明了在经济高速发展时期个人信贷的快速增长产生的损失和风险可能要几年后、特别是经历一个完整的周期考验之后，才会逐步反映出来。

（2）数据基础存在差距

目前只有中国、日本、中国香港、新加坡的数据基础有保障，其余亚洲国家和地区的风险数据普遍存在着区间短、分类粗、周期波动大、质量不真实等问题；如果强行按照巴塞尔 III 来实施，很可能导致错误数据引发的监管误导。

---

① 2008年11月23日，韩国最大的信用卡公司LG信用卡公司获得韩国8家银行2万亿韩元（合17亿美元）的紧急救援，从而避免被迫宣布破产。消息公布后，整个亚洲的信用卡市场都为之一震。LG信用卡公司的股价在11月24日下跌15%，银行类股也普遍下跌，此为韩国信用卡危机。

第四章　东方的硝烟：中国银监会以革命者之名

20 世纪 90 年代初，巴塞尔委员会于 1988 年 7 月正式发布的《统一国际银行资本衡量和资本标准》（巴塞尔 I）开始实施。对于世界各国的银行立法和所有国际活跃银行的业务都产生了重大而深远的影响，同时也使巴塞尔体制在国际银行监管领域赢得了无可争议的权威地位。

随着改革开放的进一步深入，中国正在逐步融入国际经济金融一体化的进程之中，国内银行业普遍认识到，巴塞尔协议代表了国际银行监管的协调和统一之“游戏规则”，中国金融业要实现现代化、国际化，与国际金融市场沟通、接轨，需要主动接受《巴塞尔协议》。

按照国际标准对银行业和银行监管进行改革就成为一种趋势。但在国内银行业，根据对 1992 年深圳市地方条例的试点以来中国资本结构监管发展的回顾，可以分为三个阶段：即 2003 年银监会成立前和成立后两个阶段，以及 2012 年实施《商业银行资本管理办法》后的第三个阶段。其中：第一个阶段中国资本结构监管的发展主要内容是理念的推广和制度的初步建设；第二个阶段中国资本结构监管进入了逐步实施和制度的完善阶段；第三个阶段是中国资本监管理论和实践全面同步国际标准阶段。

（一）摸着石头过河：“石器时代”的惊人发现

中国第一个全面体现《巴塞尔资本充足协议》原则精神的是 1992 年发布实施的《深圳市银行业资产风险监管暂行规定》，该法规基本上是巴塞尔协议以及有关信用风险管理原则的阐释和具体化。这是我国实施巴塞尔协议的一个试点，也是我国银行监管与国际银行监管接轨的首次尝试。参照深圳银行业的实践，结合中国实际情况，中国人民银行于 1994 年颁布了《资产资本成本和资产风险权重的暂行规定》，监管当局把资本充足率作为一项资产负债比例管理指标纳入了有关规定。[①] 1995 年 5 月颁布的《中华人民共和国商业银行法》第 39 条明确采纳了巴塞尔资本充足性原则和信用风险管理原则，“商业银行贷款，应当遵守下列资产负债比例管理的规定……，资本充足率不得低于百分之八……”。标志着中国的银行监管制度真正开始与国际惯例接轨，按照巴塞尔原则和标准对商业银行实行资产负债比例管理。1996 ~ 2002 年期间细化了资本充足率相关的计算方法。2003 年以前的资本结构监管还停留在理念推广和制度建设阶段，风险资本管理在银行业的实施并不理想。

（二）巴塞尔协议引入：走向世界的开始

2003 年 4 月由中国人民银行分拆出银行监管局，银监会成立，标志着货币政策职能和银行监管职能完善，是中国宏观调控体系、健全金融监管体制的重大决策。2003 年银监会的成立和 2004 年《商业银行资本充足率管理办法》的颁布将中国资本结构监管由制度建设层面推向了逐步实施阶段。2003 年 12 月公布了《全国人民代表大会常务委员会关于修改 < 中华人民共和国商业银行法 > 的决定》（简称《商业银行法（修订）》）和《中华人民共和国银行业监督管理法》（简称《银行监管法》），其中《商业银行法（修订）》增加了商业银行违反资本充足率要求的惩罚条例，“未遵守资本充足率……，由国务院银行业监督管理机构责令改正，并处 20 万元以上 50 万元以下罚款；情节特别严重或者逾期不改正的，可以责令停业整顿或者吊销其经营许可证；构成犯罪的，依法追究刑事责任”（第七十五条）。从上述条例可以看出，明确规定的违规处罚力度“20 万 ~ 50 万元罚款”非常轻，仅具有象征意义，但条例中并没有明确界定“情节特别严重或者逾期不改正”的界限，与中国的以往各法律形式相同，以模糊界定的方式为以后的实际政策实践提供了弹性保证。

2004 年 2 月，银监会颁布了《商业银行资本充足率管理办法》（以下简称《办法》），是将中国资本结构监管由制度建设层面推向了逐步实施阶

① 其他指标包括资本充足率与存贷比例、资产流动性比例、同一借款人贷款比例和国务院银行业监督管理机构有关资产负债比例管理的其他规定等。

段的重要法规。

【专题16：银监会有关负责人就《商业银行资本充足率管理办法》答记者问】

问：为什么要发布《商业银行资本充足率管理办法》?

答：资本监管是商业银行审慎监管的核心内容，实施严格的资本监管制度，有利于提高银行体系的稳健性，促进金融市场的公平竞争，保护存款人利益。制定并发布《商业银行资本充足率管理办法》（以下简称《办法》），具有重要意义：

一是有利于强化资本监管的有效性。虽然《商业银行法》明确规定了商业银行资本充足率不得低于8%，但我国现行监管法规一直未对资本不足银行规定明确的监管措施，并且在资本充足率计算方法上也放宽了标准。这些问题不利于反映银行的真实风险状况，也难以有效控制商业银行资产快速扩张，客观上导致我国商业银行的资本充足率明显偏低。建立完整的资本监管制度，修改现行的资本充足率计算方法，有利于强化对商业银行的资本监管，健全商业银行资产扩张的约束机制，为货币政策的实施奠定坚实的微观基础。

二是有利于缩小我国资本监管制度与国际标准的差距。1988年巴塞尔资本协议已被100多个国家采用，并写入《有效银行监管核心原则》，成为资本监管的国际标准。新资本协议在总结发达国家资本监管成功经验的基础上，提出了最低资本要求、监管当局监督检查和市场约束的三大支柱。银监会借鉴国际银行业资本监管的成功经验，建立适合我国国情的资本监管框架，将逐步实现我国银行监管制度与国际惯例接轨，促进银行业公平竞争。

三是有利于实现与近年出台的各项监管法规的衔接配套。近年来，我国先后出台了《金融企业会计制度》及《贷款风险分类指导原则》、《银行贷款损失准备计提指引》等监管规章，最近全国人大颁布了《中华人民共和国银行业监督管理法》并修订了《中华人民共和国商业银行法》，这些法律为制定审慎的资本管理制度奠定了基础。修改现行资本充足率计算方法，有利于提高各项规章制度之间的一致性，并逐步建立一套相对完整的银行审慎监管规章体系。

问：与现行资本充足率计算方法相比，《办法》在信用风险资本要求计算方面有哪些变化？

答：与现行资本充足率计算方法相比，《办法》在确定各类资产的风险权重方面采取了更加审慎的态度，同时对1988年协议不合理之处进行了调整。变化主要体现在四个方面：

一是《办法》借鉴新资本协议标准法，使用外部信用评级公司的评级结果确定商业银行境外债权的风险权重。二是取消了对国家特大型企业、国家大型企业、非银行金融机构的优惠风险权重。三是严格按照1988年资本协议认可实物抵押品，取消了土地房屋产权、居住楼宇、动产物业抵押贷款的优惠风险权重。四是表外业务风险资产的计算，采用1988年资本协议两次转换的方法，通过表外项目的信用转换系数和交易对手的风险权重确定风险加权资产。

问：根据巴塞尔委员会最近发布的新闻公报，新资本协议将在2004年年中公布，2006年底在十国集团开始实施，为什么我国还按照1988年资本协议制定《办法》？

答：中国银监会充分肯定巴塞尔新资本协议的总体框架及各项目标，并通过各种渠道对新资本协议的修改提出意见和建议。我国大多数银行不属于新资本协议界定的“国际活跃银行”，现阶段也缺乏实施新协议的内外部环境，因此，按照新协议三大支柱框架构建的《办法》，是我国银行业的现实选择，也有助于我们循序渐进地达到新资本协议的各项目标。

资料来源：中国银监会，www. cbrc. gov。

（三）后发优势：追上巴塞尔 III 步伐

2011年，中国银监会根据“十二五”规划纲要，借鉴国际金融监管改革成果，并充分考虑国内银行业改革发展和监管实际，制定印发《中国银行业实施新监管标准的指导意见》，提出了包括资本充足率、杠杆率、流动性比率和贷款损失准备等一整套审慎监管标准和制度安排，明确中国银行业新监管标准实施的路线图，并根据指导意见发布《商业银行资本管理办法（征求意见稿）》。

2012年，中国银监会根据巴塞尔 III 的要求，全面完善资本监管制度；

同时，以推进银行业金融机构实施巴塞尔 III 为契机，督促商业银行转变发展方式，提升银行体系稳定性。2013 年 1 月 1 日，《商业银行资本管理办法（试行）》（中国银行业监督管理委员会主席令［2012］第 1 号）正式开始实施；同时，印发《商业银行实施资本管理高级方法监管暂行细则》，对 5 家大型商业银行和招商银行实施高级方法开展复评价验收。为规范银行融资行为，拓宽资本补充机制，确保“达标过渡期（2018 年年底之前）”内各项监管任务平稳推进，出台了《关于商业银行资本工具创新的指导意见》和《关于实施 <商业银行资本管理办法（试行）> 过渡期安排相关事项的通知》，稳步推进实施相关工作有序开展。

《资本办法》实施以来，商业银行着力提高风险管理和资本管理水平，取得多方面进展。一是资本约束机制得到完善，商业银行普遍建立资本规划和全面风险评估体系。二是发展模式逐步转变，商业银行小微企业贷款增速普遍加快，资本消耗型业务开始压缩。三是基础设施建设加强，商业银行大力强化信息系统和经济资本体系建设。四是风险计量技术进一步发展，风险计量精细化程度明显提高。截至 2014 年年底，全国 828 家商业银行的平均资本充足率为 13.2%，较年初上升 0.99 个百分点；一级资本充足率为 10.8%，较年初上升 0.61 个百分点。按照银监会关于《资本办法》实施过渡期的资本充足率监管要求，绝大多数商业银行已经达标。

核准中国工商银行、中国农业银行、中国银行、中国建设银行、交通银行、招商银行 6 家银行实施资本管理高级方法，并支持部分管理水平较高、有实施意愿的中小商业银行“先行先试”实施资本计量高级方法。设计资本管理高级方法持续监管报表，构建高级方法非现场监管报表体系。6 家银行于 2014 年 7 月 1 日起正式报送。开展高级方法现场检查，检查涉及信用风险、市场风险、操作风险等风险的管理，覆盖资本管理高级方法的模型计量、数据基础、政策流程执行和 IT 系统支持能力等。

同时，为壮大中资银行资本实力，银监会协同证监会联合印发《中国银监会　中国证监会关于商业银行发行优先股补充一级资本的指导意见》（银监发〔2014〕12 号），中国银行、中国农业银行和中国工商银行相继完成首笔优先股发行工作。二级资本债券发行实现常态化，境外市场发行试点破题，投资者群体进一步拓宽。2014 年，42 家银行境内合计发行 3569 亿元二级资本债券，发行范围覆盖大型商业银行、股份制商业银行、城市商业银行及农村商业银行等各类机构。新型资本工具的会计、税务配套制度得以明确。

【专题 17：中资银行融资创新案例】

中国农业银行发行境内资本市场首只优先股

2014 年 11 月 28 日，中国农业银行 400 亿元优先股在上海证券交易所正式挂牌，标志着中国境内资本市场第一只优先股产品圆满完成发行及挂牌工作。

交通银行完成中资银行总行首单境外二级资本债券发行

2014 年 10 月 3 日，交通银行完成中资银行总行首单境外二级资本债券发行。交通银行此次发行的债券为符合《第三版巴塞尔协议》和银监会《商业银行资本管理办法（试行）》规定的减记型合格二级资本工具，债券分为美元和欧元两个品种，美元发行规模为 12 亿美元，债券期限为 10 年期（第 5 年末附有条件赎回权），欧元发行规模为 5 亿欧元，债券期限为 12 年期（第 7 年末附有条件赎回权）。

资料来源：中国农业银行，www. abchina. com；交通银行 www. bankcomm. com。

经过多年的监管培育和巴塞尔监管框架的锤炼，依附中国经济增长的强大引擎，中国银行业在过去 10 年经历了高速增长，不管是总资产还是利润都有了长足的进步，同时，资本充足率水平也水涨船高，彻底摆脱了 20 世纪末接近破产的“窘境”。

在国际层面中国银行业也取得了巨大的领先优势，中国银行产业成为全球最强大的银行产业集群。全球权威杂志英国《BANKER》月刊发布了 2016 年全球 1000 家大银行榜单，榜单按照一级资本总额排名，前十名中有 4 家中资行，第 1 名和第 2 名分别是中国工商银行和中国建设银行，第 4 名和第 5 名分别为中国银行和中国农业银行。共有 119 家中资银行入围全球 1000 家大银行排行榜，其中 17 家中资银行跻身前 100 名；在统计范围内的 111 家银行中，总体平均排名比上一年上升了 20 名。其中，77 家排名出现上升，占比 67%；6 家排名没有变化；33 家排名下降，占比 30%。这意味着，入围的中资行中有 2/3 全球排名相比前一年出现上升。

第三篇　求和解

以“和平”的名义——寻找杠杆最优解

最优解：旨在使目标函数 f（X）达到最优值的唯一变量。

她是解决冲突的天使？抑或称为“炼金术”攻城梯下的可怜垫脚石？

对此，“炼金大师”一贯的嗤之以鼻，他们坚信财富雪球的积累，只需两个条件：一是有个雪球；二是找到一个长长的下坡。有人不解，发问“如果这个下坡停了怎么办”？“炼金大师”手持“杠杆”冲霄汉，豪迈作答“那就两个”，然并卵……

随着巴塞尔协议框架的演进和发展，银行“炼金术”被暴露在公众面前，特别是金融危机后，全球各地都爆发了“占领华尔街”类似的活动，银行似乎成了一切祸根之“原罪”，各路“大妈”咬牙切齿，恨不得必欲除之而后快……

越冲动，越需要冷静的思考。有没有一种可能的平衡，让身为“杠杆革命者”的巴塞尔协议“门徒”，与广大的银行“杠杆工作者”达成和解呢？

坚持问题导向，沿着海德（Heid）、拉普洛（Repullo）（2007）及徐明东（2008）曾走过的路，我们努力去寻找“和解”的曙光。

第一章　和平的诚意：分歧在哪里？

经过两次危机的洗礼，银行资本已经成为当前金融管理领域最富争议的主题之一：到底多大的资本杠杆是最合适的呢？

（一）先找到支点：资本杠杆之源

资本是银行的本钱和“生命线”，除了其营运资金和杠杆支点作用以外。在金融危机中，银行的资本还有其特殊的属性：

1. 外部：资本是市场“信心之源”

当银行破产时，银行资本首先被用于赔偿非保险性存款，因此，银行资本起到了增强公众信心、防止银行倒闭的作用。银行资本的第一种用途是通过保护存户利益而达到稳定公众对银行信心的目的。不过，银行资本对公众信心的影响往往容易被夸大。在多数情况下，如果给以足够的时间，银行的呆账与不良资产可以通过银行内部经营管理的改善和外部宏观经济条件的变化而逐渐消除。在这一方面，最明显的例子是在 20 世纪 30 年代大危机中，没有被强制清算的银行逐步通过其盈利最终完全消化了巨额亏损。当然，在短期内，银行必须用其资本来冲销营业亏损。如果银行资本远不足以抵消亏损，银行便面临清算危机。事实上，在危机发生之前，银行内部管理的混乱、资产缺乏流动性及欺诈行为等因素的公开化才是导致公众失去对银行信心的主要原因，而银行存户的提款行为往往促成了危机的爆发与银行的倒闭。在银行清算之后，对非储蓄保险存款的补偿亦需数年之后才能兑现。在 20 世纪 80 年代，美国发生了若干大银行倒闭与重组事件，例如宾场银行（Penn Square Bank）、伊利诺伊大陆银行（Continental Illinois National Bank）及第一共和银行（First Republic Bank）

等。对以上破产案例的研究结果表明，银行管理的低效状态、巨额贷款损失以及资产的低流动性等因素是导致以上银行倒闭的原因。在这些因素的综合作用下，即使银行拥有较充足的资本金亦难免银行危机的发生。

【专题 18：英国北岩银行——信心破灭后挤兑危机】

挤兑爆发

北岩银行是英国次级贷款市场的贷款大户，给购房者的贷款多达十足房价，有时超出购房者收入的 5 - 6 倍，还给那些购房出租的投资者大量贷款。

2007 年，北岩银行因次贷风暴导致国际融资市场出现停滞，难以取得资金支持其业务，为了维持银行体系的稳定，英格兰银行决定介入，注资北岩银行以解决流动资金短缺的危机。

9 月 14 日北岩银行股票价格一度下跌三成，出现挤兑现象，各分行门前排满等待提款的储户。大批储户向北岩银行各网点或通过网络服务提款，由于登录人数太多，银行网站的服务器无法负荷，网上存取款服务严重受阻。

9 月 17 日股价再跌四成，储户挤兑持续。因为根据英国自 2001 年制定的《存款补偿计划》，只有存款 2000 英镑以下的储户在银行破产时可收回全部存款，超出 2000 英镑 31000 英镑，储户能够收回 90%。此时，财政大臣达林（Alistair Darling）提出保证北岩银行储户的全部存款，才导致挤兑暂时得以缓解。

惨痛的代价——卖身契

2007 年 10 月 12 日维珍集团组建包括香港第一东方投资集团（First Eastern Investment）、美国 AIG 保险公司、罗斯股权投资公司（WL Ross）及伦敦的投机性投资公司托萨卡基金（Toscafund）等的财团建议收购北岩银行。

2011 年 11 月 18 日维珍金融（Virgin Money）以 7.47 亿英镑（约合 12 亿美元）收购北岩银行。

收归国有——最终的幻灭

2008 年 2 月 18 日英国财政大臣阿利斯泰尔·达林宣布北岩银行将被暂时国有化，英国著名的保险公司劳合社（Lloyd's of London）的前舵手桑德勒（Ron Sandler）接掌国有化后的北岩。

资料来源：BBC，http：//newsvote. bbc. co. uk/2/hi/business/6997765. stm.

2. 稳信心：资本比“金子”还珍贵

当银行出现非预期或意外的损失时，银行资本可用于消化这些亏损，从而恢复公众信心，使银行得以继续正常经营。充足的银行资本能够在银行发生较大亏损的情况下，恢复公众对银行的信心，使银行得以正常经营。银行资本的这种功能与它的第一种用途在加强公众信心方面有同一效果。不过，公众对银行的高度信心不仅仅取决于银行资本的数量充足与否。对于银行债权人来说，对银行的信心来源于他们的资产的安全与盈利程度。对银行债务人来说，其信心来源于能否在任何情况下，都能够从银行获得稳定的资金来源；对银行持股人来说，其信心决定于其资本的安全性与增值性；而对政府来说，银行的稳定性程度是决定其信心的主要依据。从理论上讲，在中央银行出现以前，银行会仅仅因为贷款和投资缺乏流动性而不是因为这些贷款成为坏账而倒闭。而在中央银行出现以后，一家银行可能会因管理不善或放款与投资的极端不走运而倒闭，但不会由于资产出现非流动性而倒闭（托宾，Tobin，1998）。

3. 道路：资本限制“杠杆”

在巴塞尔协议的框架下，银行对于资本和风险资产的比例有严格的限制，也就是说银行的“杠杆魔法”不可能无限制地膨胀。银行遇到了“增长的极限”，必须通过优化风险管理、留存利润，扩充资本实力，走资本与资产并行的资本集约友好型的发展道路!

【专题19：增长的极限】

《增长的极限》是罗马俱乐部于1972年发表的、对世界人口快速增长的模型分析结果。丹尼斯·米都斯主笔。这本书用World3模型对地球和人类系统的互动作用进行仿真，反映了马尔萨斯在1798年发表的《人口学原理》中表达的观点。

丹尼斯·米都斯和乔根·兰德斯对最初的版本进行了更改。1993年，他们在本书出版20周年之际，发表了新版本《超越极限》。最新版本由切尔西·格林（Chelsea Green）出版社出版于2004年6月1日，标题是《增长的极限：30 年后的更新》。

本书讨论的一个重要观点是：如果资源消耗指标持续增长，那么可开采指标就不能用现有已知的储量除以目前年消耗量来计算，这是生成静态指标典型的算法。例如，在 1972 年，铬的储存量是 77.5 亿吨，年开采量是 185 万吨。静态指标为 418 年（775/1.85），但铬的消费量年增长率是 2.6%。如果保持稳定的消耗率，并且考虑年增长率，这一资源只能开采 93 年。

资料来源："To Grow or not to Grow"，新闻周刊，3 月 13 日，1972 年；Donella H. Meadows，Dennis L. Meadows，Jørgen Randers，and William W. Behrens III.（1972）；The Limits to Growth. New York：University Books. ISBN 0－87663－165－0

Henry C. Wallich，"More on Growth"，新闻周刊

（二）老生常谈的话题：经济资本、监管资本与最优资本

经济资本、监管资本与最优资本是互相联系但又存在差异的三个概念。我们主要从理论分析的角度给出了三个概念的定义，并比较了三者的异同。其中，我们对经济资本和监管资本的定义不同于国内一些文献，如黄九亮（2006）[①]。

1. 经济资本与监管资本

经济资本和监管资本是在 2004 年的巴塞尔协议 II 中经常出现的两个术语。监管资本与经济资本的联系和区别：

（1）目的不同：经济资本——股东价值最大化；监管资本——存款所有者损失可能性最小化。

（2）主体不同：监管资本——监管部门规定的；经济资本——银行自己确定的。

（3）因素不同：监管资本——权重和模型；经济资本——资本成本。

① 根据黄九亮（2004）的定义，商业银行的经济资本在数值上往往小于监管资本，而根据我们的定义，经济资本与监管资本的数值大小关系并不确定，经济资本在数值上往往小于监管资本需要一定的条件。这从欧美一些国家在实施资本监管前银行的实际资本比率往往大于 8%（或者核心资本比率大于 4%）得到验证。

2. 最优资本

资本最优解：资本监管约束下银行的最佳杠杆选择。根据 Basel 监管框架，银行必须维持最低的资本比例，确保监管合规；但这种情况对于银行的发展却未必是最有利的。因为银行要扩大经营，获取更多的利润，特别是资产扩张，是需要更多的资本的。监管惩罚的存在往往使得银行会选择持有一定的缓冲资本，即最优资本高于监管资本。所以，从现实情况看，银行持有的资本往往是高于监管规定的最低保障线。

现实中银行选择资本水平往往会考虑资本结构监管，也就是说，银行往往根据最优资本而非经济资本确定自身的资产比率，即理论上银行的最优资本选择就是现实中银行的目标资本选择。

（三）银行资本方程：影响最优资本杠杆有哪些因素？

根据埃尔芬（Alfon）（2004）的思路，影响商业银行最优资本决策的因素被分为三类：银行内部因素、市场纪律和监管要求（对应的行为主体：银行自身、市场和监管者）。

1. 内部因素

银行的内部因素包括银行的风险水平、代理问题、银行的业务战略和资本的机会成本等方面。

(1) 风险偏好

资本能够抵抗风险、吸收损失，降低银行破产陷入危机的概率。然后作为风险的弄潮儿，除了信用风险、市场风险、操作风险等，还有声誉风险、法律风选、政治风险……

【专题 20：民粹主义的抬头——欧洲央行发布风险报告】

2016 年 5 月 24 日，欧洲央行发布《金融稳定评估报告》，在这份报告中，欧洲央行强调金融机构盈利能力较低和新兴市场的疲软是“中等级别的系统性风险”。随着希望停止甚至逆转结构性改革的民粹政党在欧元区的崛起，更多政治不确定性也被报告添加为一个“潜在”的风险。

报告称，“在国家和超国家层面的政治风险上升，以及那些改革倾向较低的政治力量所获支持越来越多，可能会潜在导致急需的财政和结构改革的拖延。这可能会导致那些更虚弱的国家再度承受压力，并可能导致风险蔓延以及欧元区的再度割裂。”

欧洲央行表示，美国的总统大选和英国就其欧盟成员身份的全民公投计划，可能会伤害企业和消费者信心，进而影响经济增长。

资料来源：欧洲中央银行，European Central Bank，www. ecb. europa. eu/。

因此，监管当局设定的最低资本水平未必完全包括银行所面临的风险，有些风险监管者不考虑，但是影响银行的资本决策。因此，银行管理层的目标资本水平很可能不同于监管当局设定的最低水平。

（2）经济下跌期风险可能变成实际损失（materialize），由于资产注销和拨备的可能增加会引起资本的可能降低，银行采取谨慎性措施因此持有更多的资本，那些依赖信用评级进入资本市场的机构更需要提高资本持有以保持经济下跌期的信用评级不变；经济繁荣期风险很少变成实际损失，银行可以安全地持有较少资本。

（3）代理问题。詹森（Jensen）和麦克林（Meckling）（1976）的研究认为在现代产业组织结构中代理问题源于所有者和管理者的分离。也就是说代理人与委托人间的目标可能不一致。银行所有者的目标是价值最大化，希望追求更高杠杆比率，但银行管理层会降低所有者希望的杠杆比率，因为越高的杠杆比率带来的风险管理的难度越大（布里斯班，Bris，康塔尔，Cantale，2004），银行管理层为追求平静生活会持有超额资本而牺牲股东利益。

（4）银行持有更多的资本是为了满足战略发展的需要，包括为增长提供资金、调整成本和资本下降刚性。资本可用来为将来的发展机会融资，如并购等。通过保留利润来增加银行的资本很可能是银行的业务战略，导致了银行会选择持有一定的缓冲资本。

（5）虽然资本过多导致无效率，但资本不足的后果更加严重，所以银行宁愿选择资本过度充足而不愿选择资本不足。也就是说，部分缓冲资本是因为谨慎性目的，源于调整资本水平的摩擦。

（6）资本水平的下跌刚性，这是另一个持有超额资本的战略性原因。即使在缺乏盈利机会的情况下，银行也不会将超额资本返还给股东，因为这将发送对银行盈利能力不利的信号，因此银行管理层常常遵循过去的资本水平，从而产生了资本水平的下跌刚性。

（7）资本成本。当股权成本较高时，意味着持有超额资本的机会成本较高，利润最大化的银行将会选择持有较低的资本水平。

2. 市场纪律

市场纪律作用机制：信用评级、融资成本和竞争压力。

（1）信用评级和批发融资市场。当债权人发现银行风险更高时可能会要求更高的回报或者收回资金，由于债权人与监管者对银行的信息了解程度不同，对银行的资本水平要求也与监管者不同，可能会促使银行持有更多的资本。被评级银行更易受到市场约束的影响，银行会持有更高的资本水平有利于进入特别的资本市场（如次级债等）。

（2）竞争对手压力。竞争对手压力也来源于非对称信息，在评价一家银行的财务状况时，市场和评级机构往往通过与其他银行间的比较得出结论，银行往往选择持有更高的资本水平作为信号工具以区别于其他银行。

3. 监管压力

监管压力反映监管环境如何影响资本水平。当银行的最低监管资本要求变动时，短期内银行会选择改变其目标资本水平：资本结构监管要求越高，则银行目标资本水平越高；除了调整最低资本比率外，监管者通过其他很多方式还可以影响到资本水平，包括监管规则、对银行违背监管要求的反应等，监管干预的程度越严，则银行愿意持有的资本水平越高。

第二章　对方的底牌：最优解过程中的艰难博弈

我们将在海德（Heid）(2005）基于 VAR 静态分析模型和徐明东（2008）经济后果分析框架①的基础上，对银行资本内生与监管杠杆压力下的资本杠杆最优解的分析过程进行回顾。但为了便于理解，进行了风险模型的适当简化，暂仅考虑当前银行面临的最广泛、最常见的信用风险。

（一）任性地"炼金"：不抵抗到底会怎么样?

在基本模型中，我们将分析没有资本结构监管时商业银行最优资本决策，在此我们采用代表性银行来代表银行业。代表性银行投资两种不同的资产：无风险资产 *Bond* 和贷款资产 *Loan*，其中 *Loan* 的收益具有不确定性，受违约概率的影响。因为这部分比较侧重于分析微观银行的最优决策，所以不考虑货币政策工具之一的准备金要求引起的准备金资产。为了简化分析，首先假设资本调整成本包括时间成本、直接交易成本和间接成本足够高，这样就可认为银行不能及时筹集额外的股权资本，因此，银行能增加资本水平的渠道将只有保留利润的内部融资，并假定存款数量完全由货币需求决定。

假定模型的时间轴为单期，在每期期初时银行决定其贷款和债券资产组合。资产组合决策依赖于资产利率和信贷的信用风险，假定无风险利率为 R_f，存款利率为 R_D。为了引入银行业的市场结构特征，暂假定贷款利率内生，即贷款资产的预期回报 R_L 等于无风险利率 R_f 加上边际溢价 μ：

① 徐明东，资本充足率约束与银行资产组合行为及其宏观经济效应研究，复旦大学，2008 年。

公式 3.1：$R_L - \bar{s} = R_f + \mu$

其中 μ 是外生变量，代表银行业的市场结构；如果银行业的垄断程度越高，信贷市场受信贷供给方银行的影响越大，则 μ 越大；假定银行贷款违约率 s 为随机变量，服从均值为 $\bar{s}$，方差为 σ_s 的正态分布。

假定如果贷款违约，银行必须当期从资本中进行注销该部分资产。在模型中银行通过最优化贷款资产和债券资产组合，来实现预期利润最大化，受到的约束条件是资产负债表融资约束和破产约束。即使在不存在最低资本要求的情况下银行也不能自由选择其资产组合，银行必须防止贷款资产未预期损失导致银行破产，我们采用 VAR 思想来构建破产约束和后面的资本结构监管约束，银行需要持有一定的资本水平来抵御既定破产概率。银行的最优化行为可表示为：

公式 3.2：$\underset{(Loan, Bond)}{Max}(\pi) = (R_L - s) \times Loan + R_f \times Bond - R_D \times Debt$

公式 3.3：$Loan + Bond = Debt + Equity$

公式 3.4：$p\left\{\frac{Equity}{Loan} + \frac{\pi}{Loan} < 0\right\} = a$

其中 $\frac{Equity}{Loan}$ 表示风险资本比率，a 表示银行的破产概率水平，可以用来衡量银行的风险规避程度、银行特许权价值和市场约束。在其他条件不变情况下，银行的风险规避程度越高，则 a 越小；银行特许权价值越高，市场约束越强，则 a 越小。

将（公式 3.2）、（公式 3.3）代入（公式 3.4）可得：

公式 3.5：

$$p\left\{(1 + R_D)\frac{Equity}{Assets} + (R_L - s - R_D)\frac{Loan}{Assets} + (R_f - R_D)\frac{Bond}{Assets} < 0\right\} = a$$

整理可得：

公式 3.6：

$$p\left\{s > \left[(1 + R_D)\frac{Equity}{Assets} + (R_L - R_D)\frac{Loan}{Assets} + (R_f - R_D)\frac{Bond}{Assets}\right]\frac{Assets}{Loan}\right\} = a$$

因为 s 服从均值为 $\bar{s}$，方差为 σ_s 的正态分布，可将上述概率式求解出来：

公式 3.7：

$$\frac{(1 + R_D)\frac{Equity}{Loan} + (R_L - R_D) + (R_f - R_D)\frac{Bond}{Loan} - \bar{s}}{\sigma_s} = F^{-1}(1 - a)$$

银行最优资本结构比率 $e = \frac{Equity}{Loan}$，则将（公式 3.1）代入（公式 3.7），整理可得：

公式 3.8：$$e = \frac{\sigma_s F^{-1}(1-a) - (R_f - R_D)\frac{Bond}{Loan} - (R_f + \mu - R_D)}{1 + R_D}$$

从（公式 3.8）式中可以看出在资本调整成本无穷大，且没有资本结构监管约束时商业银行最优资本比率主要受银行市场力量 μ 或存贷利差（$R_L - R_D$）、银行风险偏好程度或市场约束强度 a、反映银行自身战略的银行资产风险 σ_s 以及银行资产结构 $\frac{Bond}{Loan}$ 的影响。徐明东（2008）结论如下：

【命题 1】在资本调整成本无穷大，且没有资本结构监管约束条件下，银行存贷利差越大，银行业垄断程度越高，则银行的最优资本比率越低；银行业的市场约束越强，银行的风险规避意愿越强，风险资产比率越高，风险资产的风险越大，则银行的最优资本水平越高。

（二）第一波攻击：设定最低资本充足率后

由于引入的最低资本要求（$e > \omega \cdot \eta$）比破产约束（$e > 0$）更加严格，所以引入最低资本结构约束后，3.4 式变化为：

公式 3.9：$$p\left\{\frac{Equity}{Loan} + \frac{\pi}{Loan} < \omega \cdot \eta\right\} = a$$

其中，ω 表示风险资产风险权重，η 表示最低资本要求。同理，将（公式 3.2）、（公式 3.3）代入（公式 3.9）式可得：

公式 3.10：

$$p\left\{s > \left[(1+R_D)\frac{Equity}{Assets} + (R_L - R_D)\frac{Loan}{Assets} + (R_f - R_D)\frac{Bond}{Assets} - \omega \cdot \eta\right]\frac{Assets}{Loan}\right\} = a$$

因为 s 服从均值为 $\bar{s}$，方差为 σ_s 的正态分布，可将上述概率式求解出来：

公式 3.11：

$$e = \frac{\sigma_s F^{-1}(1-a) - (R_f - R_D)\frac{Bond}{Loan} - (R_f + \mu - R_D) + \omega \cdot \eta}{1 + R_D}$$

引入最低资本要求后，最低资本要求 $\omega \cdot \eta$ 影响了商业银行的最优资本比率，两者存在正相关关系。也就是说，如果最低资本要求增加，商业银行的最优资本比率也增加。若令最低资本要求 $\omega \cdot \eta = e^{*}$，假定最低资本要求也是在破产概率 a 条件下求得最优解，那么此时商业银行的最优资本比率将为 e^{**}，见下图。

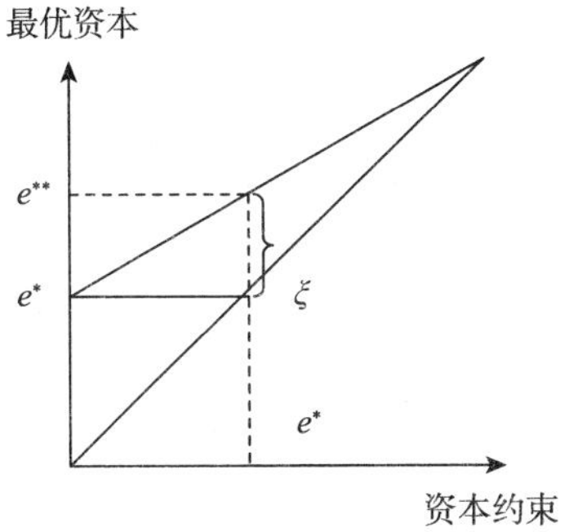

图2　资本约束与最优资本关系

若将商业银行最优资本比率高出最低资本要求的部分可定义为缓冲资本（Capital Buffer），$\xi = e^{**} - e^{*}$，则可以求解出商业银行的缓冲资本为：

公式3.12：

$$\xi = \frac{\sigma_s F^{-1}(1-a) - (R_f - R_D)\dfrac{Bond}{Loan} - (R_f + \mu - R_D) + \omega \cdot \eta}{1 + R_D} + \left(\frac{1}{1 + R_D} - 1\right)e^{*}$$

接下来放松资本调整成本无穷大的假设。以上最低资本要求 e^{*} 约束下的最优资本比率 e^{**} 是在资本调整成本无穷大的条件下求得的，如果不存在资本调整成本，即商业银行能随时满足增加资本的需要，这样商业银行将不必保留缓冲资本，一旦发生高违约损失使商业银行面临违反资本结构监管要求，商业银行能立即从市场上筹集到需要的资本而不用使自己违约，此时商业银行最优资本比率将为 e^{*}。考虑到现实情况是资本调整成本介于两者之间（0，$+\infty$），那么商业银行的最优资本比率的取值范围也将是（e^{*}，e^{**}）。因此可得如下命题：

【命题2】在资本调整成本无穷大条件下，出于谨慎性动机，最低资本要求的存在增加了商业银行最优资本比率，且最优资本比率高于监管资本要求即是缓冲资本部分。

【命题3】缓冲资本的存在使得商业银行最优资本比率高于最低资本要求，紧的资本约束的新含义：实际资本比率低于或者预期低于最优资本比率。

【命题4】如果不存在资本调整成本，那么商业银行的最优资本比率将等于最低资本要求；当资本调整成本介于0和+∞之间时，商业银行的最优资本比率也将介于两种情况下的最优资本比率之间。

（三）双方的“桃花源”：最优解的诞生

银行最优资本比率可理解为银行的目标资本比率，通过上述分析，徐明东（2008）提出：

（1）最优资本比率分析有利于解释资本结构监管下银行的实际资本比率变动特征：即现实中银行的实际资本比率往往高于最低资本要求较大幅度。采用经济资本或监管资本概念很难对上述现实直接进行分析。

（2）通过对最优资本比率的分析，能更接近现实地得出紧资本约束的含义，而紧资本约束是分析资本结构监管对商业银行行为影响的前提条件。我们认为受自身战略、监管约束与市场约束的多重影响，银行的最优资本比率会显著高于最低资本要求。

第三章　天灾人祸的隐患：周期之殇

上面是套路型的“摆拍”，没有考虑经济周期性。本部分将在海德（Heid）（2005）和拉普洛（Repullo）OLG 模型的基础上求出数值解来分析上述问题。

（一）周期性：金融体系“阿喀琉斯之踵”

之前的学者对于周期性进行了相关研究，主要监测在不同周期下最优解的变化，存在三种模型：（1）埃斯特雷亚（Estrella）（2004）的存货周期模型，假定存款损失遵循二阶自回归过程（$L_t = (2\cos\varphi)L_{t-1} - L_{t-2} + u_t$），并引入余弦函数来刻画周期性轨迹，该方法的优点是可分析连续性的周期轨迹，缺点是难以细致描述银行违反监管要求的惩罚规则。（2）埃利萨尔德（Elizalde）和拉普洛（Repullo）（2007）的无限期限模型，给定商业银行违反监管要求的惩罚规则，构建价值函数利用 Bellman 方法求解，缺点是求解比较复杂。（3）拉普洛（Repullo）和苏亚雷斯（Suarez）（2007）的 OLG 模型，给定经济处于两种离散状态（高违约和低违约）和违反监管要求的惩罚规则，银行选择其最优资本比率，这种方法的优点是易于推导并能得出有效结论。徐明东（2008）在拉普洛（Repullo）和苏亚雷斯（Suarez）（2007）模型的基础上，引入银行市场结构变量，并求出数值解来分析上述问题。

假定代表性银行在 t 时刻为企业提供贷款，$t+1$ 时刻收回前期贷款并再为该企业提供新贷款，$t+2$ 时刻企业出清，银行收回贷款。假定银行的再资本化决策具有时滞，该时滞为一期；在 t 期银行的融资决策不受限制，但在 $t+1$ 期银行受到股权融资限制，即若想通过股权资本融资，则需要在

$t+2$ 期才能实现，这样假设为两期模型，就能体现出这种银行资本调整的时间成本。

银行资本比率的周期性来源于风险资产收益的波动，所以为简化分析，本部分代表性银行的资产负债表中资产方仅考虑贷款资产，负债由存款和资本组成。t 时刻代表性银行筹集（$1-k_s$）的存款资金和 k_s 的资本，为企业提供 1 单位的初始贷款，其中状态变量 s 表示 t 时刻经济周期的状态，$s=h$ 表示经济处于萧条期、高违约率，$s=l$ 表示经济处于扩张期、低违约率。t 期代表性银行的资产负债表描述如下：

假设 t 期商业银行的资本融资不受约束，则 $k_s>r_s$，其中 r_s 表示 s 状态下的最低资本要求。假定初始贷款利率 r_s 内生，该初始利率的决定将在后面解释，这里暂可认为该利率为给定利率。这里我们主要讨论存贷利差的影响，所以假定存款利率为 0，且存款在利率为 0 时完全弹性，r_s 就可被解释为初始存款利差。

假定 t 时刻银行的初始贷款违约率为 x_t，为了后面讨论 Basel Ⅱ 的影响，所以我们引入了违约损失率的概念，并假定违约损失率为 λ。那么，$t+1$ 时刻银行从 $(1-x_t)$ 比例的贷款中得到本金、利息和 $(1+r_s)$，并从 x_t 比例的违约贷款中收回 $(1-\lambda)$ 的本金，并假定银行为建立银企关系的初始成本为 c。那么 $t+1$ 时刻银行的资本净值为：

公式 3.13：$n_s(x_t)=k_s+r_s-x_t(\lambda+r_s)-c$

其中初始贷款违约率是随机变量，其累积分布函数（cdf）依赖于 t 时刻的经济状态，即为 $F_s(x_t)$。如果 $n_s(x_t)<0$，则银行倒闭，如果 $n_s(x_t)\geq 0$ 则银行继续经营，通过（3.13）对 $n_s(x_t)$ 的定义，能得出银行倒闭的临界违约率为：

公式 3.14：$\hat{x}_s=\dfrac{k_s+r_s-c}{\lambda+r_s}$

假定 $t+1$ 时刻企业投资的项目需要再融资，其融资数量为 μ。再假定该期企业依赖于银行贷款，只要贷款利率不超过第二期项目的回报率 a。因为银行不能在 $t+1$ 时刻发行股权资本，那么受限于该时刻的最低资本要求 γ_s，（其中 s' 表示在 $t+1$ 时刻的经济周期状态，同理，$s'=h$ 表示经济处于萧条期、高违约率，$s'=l$ 表示经济处于扩张期、低违约率），银行的最大贷款能力为 $\dfrac{n_s(x_t)}{\gamma_s'}$。因此，在 $n_s(x_t)\geq 0$ 的情况下，从存贷款市场的供需来说，存在两种情况：信贷供给过剩 $n_s(x_t) \geq \mu\gamma_s'$ 和信贷供给不足 $n_s(x_t) < \mu\gamma_s'$ 。根据（3.13）可以求出信贷供给过剩与供给不足的临界违约率为：

公式 3.15：$\hat{x}_{ss'} = \dfrac{k_s + r_s - c - \mu\gamma_s'}{\lambda + r_s}$

从（3.14）、（3.15）的比较中可以看出 $\hat{x}_{ss'} < \hat{x}_s$ ，所以 $t+1$ 时刻根据 t 时刻的违约率状态存在三种情况：当 $x_t \in [0, \hat{x}_{ss'}]$ 时，银行信贷供给过剩；当 $x_t \in (\hat{x}_{ss'}, \hat{x}_s]$ 时，银行信贷供给不足；当违约率过高 $x_t \in (\hat{x}_s, 1]$ 时，银行倒闭。

接下来分析在银行不倒闭的两种情况下银行股东的预期回报。

（1）信贷供给过剩的情况

当 $t+1$ 时刻银行信贷供给过剩时，银行提供 μ 单位的贷款，资金来源结构为：

存款 $(1-\gamma_s')\mu$ ，资本 $\gamma_s'\mu$ ，因为 $n_s(x_t) \geq \mu\gamma_s'$ ，$t+1$ 时刻银行将支付股利 $n_s(x_t) - \mu\gamma_s'$ 给股东。

在 $t+2$ 时刻银行贷款未违约部分的本金利息之和为 $(1+a)(1-x_{t+1})\mu$ ，违约部分收回本金 $(1-\gamma_s')\mu$，所以该时刻银行的资产为 $[1+a-x_{t+1}(\lambda+a)]\mu$ ，存款负债为 $(1-\gamma_s')\mu$ 。所以 $t+2$ 时刻银行股东的预期收益可表示为 $\mu\pi_s'$ ，也就是说该收益依赖于 $t+1$ 时刻的经济状态。其中：

公式 3.16：$\pi_s' = \int_0^1 Max\{\gamma_s' + a - x_{t+1}(\lambda + a), 0\} dF_s'(x_{t+1})$

可以倒推出 $t+1$ 时刻银行股东的股权价值为 $t+2$ 时刻股权价值的贴现值加上 $t+1$ 时刻发放的鼓励，即为：

公式 3.17：$V_{ss'}(x_t) = (\beta\pi_s' - \gamma_s')\mu + n_s(x_t)$

其中 β 为股东必要报酬率的贴现因子，（公式 3.17）式中第一项表示银行资本投资的净现值，要保证理性的银行再贷款，该项应假设为大于 0。

（2）信贷供给不足的情况

当 $t+1$ 时刻银行信贷供给不足时，银行提供 μ 单位的贷款，资金来源结构为：

存款 $\dfrac{n_s(x_t)}{\gamma_s'} - n_s(x_t)$ ，资本 $n_s(x_t)$ ，银行不发放股利。在 $t+2$ 时刻股

东的期望回报依赖于 $t+1$ 时刻的经济状态，可表示为：$[\frac{n_s(x_t)}{\gamma_s'}]\pi_s'$，其中 π_s' 同（公式 3.16）式。所以可以倒推出 $t+1$ 时刻银行股东的股权价值为：

公式 3.18：$V_{ss'}(x_t)=\frac{\beta\pi_s'}{\gamma_s'}n_s(x_t)$

所以，可以得出 $t+1$ 时刻银行股东的股权价值为：

公式 3.19：$$V_{ss'}(x_t)=\begin{cases}(\beta\pi_s'-\gamma_s')\mu+n_s(x_t),\text{当}\ 0\le x_t<\hat{x}_{ss'}\\ \frac{\beta\pi_s'}{\gamma_s'}n_s(x_t),\text{当}\ \hat{x}_{ss'}\le x_t<\hat{x}_s\\ 0,\text{当}\ x_t\ge\hat{x}_s\end{cases}$$

可见，$V_{ss'}(x_t)$ 是关于 x_t 的连续线性函数。再进行倒推就能得出 t 时刻银行初始股权资本为 k_s 和初始贷款利率为 r_s 条件下代表性银行的净现值为：

公式 3.20：$V_s(k_s,r_s)=\beta E[V_{ss'}(x_t)]-k_s$

其中 E 表示 t 时刻 V_s 受到 $t+1$ 时刻贷款违约率的不确定性和初始贷款违约率的影响。

同海德（Heid）和拉普洛（Repullo），我们设定经济状态之间的转移系数为 q^6，则可以将 t 时刻银行的净现值改写为：

公式 3.21：$V_s(k_s,r_s)=q_sV_{sh}(k_s,r_s)+(1-q_s)V_{sl}(k_s,r_s)$

其中：

公式 3.22：

$$V_{ss'}(k_s,r_s)=\beta\left\{\int_0^{\hat{x}_{ss'}}[(\beta\pi_s'-\gamma_s')\mu+n_s(x_t)]dF_s(x)+\frac{\beta\pi_s'}{\gamma_s'}\int_{\hat{x}_{ss'}}^{\hat{x}_s}n_s(x_t)dF_s(x)\right\}-k_s$$

所以 t 时刻银行的最优化行为可表示为在给定初始贷款利率和 1 单位贷款规模的情况下，代表性银行选择初始资本融资 k_s 以最大化 $V_s(k_s,r_s)$，即为：

公式 3.23：$\underset{k_s}{Max}[[V_s(k_s,r_s)]]$

公式 3.24：$k_s\in[\gamma_s,1]$

接下来我们首先讨论模型解的存在情况，然后引入银行业的市场结构变量。考虑到 k_s 的不同取值区间和 $\hat{x}_{ss'}$，$\hat{x}_s$ 取值情况，我们对 $V_{ss'}(k_s,r_s)$ 求导可得出如下几种情况：

（1）当 $k_s < c - r_s$ 时，$\hat{x}_{ss'} < \hat{x}_s \leq 0$，可得 $\frac{\partial V_{ss'}}{\partial k_s} = -1 < 0$

（2）当 $c - r_s < k_s \leq c - r_s + \gamma_s'\mu$ 时，$\hat{x}_{ss'} \leq 0 < \hat{x}_s$，可得

$$\frac{\partial V_{ss'}}{\partial k_s} = \frac{\beta^2 \pi_s'}{\gamma_s'} F(\hat{x}_s) - 1 \neq 0, \text{且} \frac{\partial^2 V_{ss'}}{\partial k_s^2} = \frac{\beta^2 \pi_s'}{\gamma_s'(\lambda + r_s)} f(\hat{x}_s) > 0$$

（3）当 $c - r_s + \gamma_s'\mu < k_s \leq c + r_s + \gamma_s'\mu$ 时，$0 < \hat{x}_{ss'} < 1$，可得

$$\frac{\partial V_{ss'}}{\partial k_s} = \frac{\beta}{\gamma_s'}[\beta\pi_s' F_s(\hat{x}_s) - (\beta\pi_s' - \gamma_s') F_s(\hat{x}_{ss'})] - 1 \neq 0, \text{且}$$

$$\frac{\partial^2 V_{ss'}}{\partial k_s^2} = \frac{\beta^2 \pi_s'}{\gamma_s'(\lambda + r_s)}[\beta\pi_s' f(\hat{x}_s) - (\beta\pi_s' - \gamma_s') f(\hat{x}_{ss'})] > 0$$

（4）当 $k_s \geq c + r_s + \gamma_s'\mu$ 时，$1 \leq \hat{x}_{ss'} < \hat{x}_s$，可得 $\frac{\partial V_{ss'}}{\partial k_s} = \beta - 1 < 0$

因为 $V_{ss'}(k_s, r_s)$ 是关于 k_s 的连续函数，在（1）、（4）情况下 $V_{ss'}(k_s, r_s)$ 是关于 k_s 线性递减的，根据 k_s 的实际取值区间限制，银行的资本决策的解是存在的。因为在（3）区间内，$V_{ss'}(k_s, r_s)$ 可为凸函数或者凹函数，所以可存在内点解 $k_s \in (c - r_s + \gamma_s'\mu, c + r_s + \gamma_s'\mu)$ 或者角点解 $k_s = \gamma_s$。当存在内点解的含义是银行在 $t+1$ 时刻在不同的经济状态下发现自身信贷供给不足或者信贷供给过多的概率均为0，那么银行在 t 时刻将会有激励增加或者减少初始资本水平，使得 $k_s = \gamma_s$。在前面静态均衡部分我们已经分析过，如果不考虑银行股权融资限制，即不存在资本调整成本（包括交易成本和时间成本等），那么银行的最优资本决策仍然是 $k_s = \gamma_s$。所以，符合现实情况的将是银行存在内点解。所以银行最优决策 $\hat{k}_s$ 的一阶条件为：

公式3.25：

$$q_s\left\{\frac{\beta}{\gamma_h}[\beta\pi_h F_s(\hat{x}_s) - (\beta\pi_h - \gamma_h) F_s(\hat{x}_{sh}) - 1]\right\} +$$

$$(1 - q_s)\left\{\frac{\beta}{\gamma_l}[\beta\pi_l F_s(\hat{x}_s) - (\beta\pi_l - \gamma_l) F_s(\hat{x}_{sl}) - 1]\right\} = 0$$

接下来我们讨论初始贷款利率的确定，这里引入银行业市场结构因素。首先假设银行业处于完全竞争市场，那么银行最优决策 k_s^* 实现均衡的结果将是银行的净现值为0，即：

公式 3. 26：$V_s(k_s^*, r_s^*) = 0$

从上式可求解出完全竞争市场条件下均衡初始利率为 $r_s^* = g(k_s^*)$。如果银行业处于垄断市场，均衡利率将会高于完全竞争条件下的均衡利率，实现均衡时代表性银行的净现值将大于 0，所以设定银行业垄断市场结构条件下初始利率为：

公式 3. 27：$r_s = r_s^* + \tau$

其中 τ 代表银行的市场垄断程度，即垄断程度越高，τ 值越大。其中 τ 取值范围有限制，不能大于 $a - r_s^*$，否则银行要求的利率已经高于企业投资成功的回报率，企业将选择不从银行贷款。

（二）银行的心理波动和行为反应

为了分析银行初始最优资本比率的周期性影响因素和银行借贷的动态化，将设定不同经济情景，然后求解上述模型的数值解。为了后面分析巴塞尔资本协议下的最优资本决策，需要对不同经济状态下的违约概率和资本要求进行设定。在所有情景中我们假定两种经济状态下贷款违约率的概率分布函数分别为 $F_h(\cdot)$ 和 $F_l(\cdot)$，在单风险因子模型下可表示为：

公式 3. 28：$F_s(x) = \Phi\left(\dfrac{\sqrt{1-\rho_s}\,\Phi^{-1}(x) - \Phi^{-1}(p_s)}{\sqrt{\rho_s}}\right)$

其中 ρ_s 代表相关系数，可表示为：

公式 3. 29：$\rho_s = 0.12 \times \left(2 - \dfrac{1 - \exp(-50p_s)}{1 - \exp(-50)}\right)$

按照内部评级法的要求，资本应能以 99.9% 的概率覆盖贷款违约损失（即 $\gamma_s = \lambda F_s^{-1}(0.9999)$），那么资本要求为：

公式 3. 30：$\gamma_s = \lambda\Phi\left(\dfrac{\sqrt{\rho_s}\,\Phi^{-1}(0.9999) + \Phi^{-1}(p_s)}{\sqrt{1-\rho_s}}\right)$

为了比较不同经济状态下银行的最优资本决策，设定了三种情形：低波动性、中等波动性和高波动性。由于中国实施资本充足性管理的历史较短，模拟的数据与实际数据缺乏可比性，徐明东（2008）采用美国的参数，来源于拉普洛（Repullo）和苏亚雷斯（Suarez）（2007）。其中企业利润参数值 $a = 0.05$ 表示每期企业的投资回报率为 5%，参数 $\mu = 1.00$ 表示贷款需求的每年保持不变。违约损失率 λ =0.45 与基础 IRB 方法 1 年期公司贷款的损失率相同，参数 c =0.04 的设定是为了求出初始均衡利率，银行资本成本 δ =0.05 是按照核心资本成本 10% 和次级债等无风险利率的成本平均计算而来。q_h =0.55，q_l =0.20 来自于布鲁克（Bruche）和冈萨雷斯·阿瓜多（Gonzalez Aguado）（2006）对美国债券违约率的马尔科夫两种状态转移模型的估计，表示预期的高违约率状态的持续期为 2.2 年，低违约率状态的持续期为 5 年。

表 1　违约情景设定表

	基准违约率 PDs	资本要求
	p_s(%)	$\gamma_h=\gamma_l=8\%$
低波动情景		
$s=h$	2.90	9.99
$s=l$	1.30	7.12
中等波动情景		
$s=h$	3.70	11.11
$s=l$	1.10	6.60
高波动情景		
$s=h$	4.20	11.77
$s=l$	1.00	6.31

（三）战果揭晓：银行持有逆周期“资本武器”

1. 存在逆周期性：银行不打无准备之仗

为缓解未来资本不足对银行的负面影响，最优资本比率大于最低资本要求，银行会持有显著的资本缓冲。数值结果显示，中等波动性情景下，在经济扩张期时的最优资本比率为 11.62%，低于经济萧条期时的最优资本比率 12.13%，表明商业银行的最优资本比率具有逆周期性，但考虑到缓冲资本对经济波动的“吸收器”作用，这种周期性的波动幅度比较小。即最优资本比率具有逆周期性，在最低资本要求不变的情况下，银行资本缓冲也就具有逆周期性，这与林德奎斯特（Lindquist）（2003）对挪威银行业、斯托拉兹（Stolz）和维登（Wedow）（2005）对德国银行业、布辛加

（Boucinha）（2008）对葡萄牙银行业、埃尔芬（Alfon）（2005）对英国银行业等的实证结论相符。另外，在不同的波动率情景下对最优资本比率和缓冲资本比率的影响比较小。因此可得如下结论：

【命题5】商业银行的最优资本比率具有逆周期性，但考虑到缓冲资本对经济波动的“吸收器”作用，这种周期性的波动幅度比较小；最优资本比率的波动幅度受经济波动幅度影响不大，之前的“和平协议”（最优解）依然有效。

2. 垄断优势：可以少持有资本

从数值结果可以看出，在垄断性市场结构（$\tau=0.01$ 表示垄断性银行的利率定价比完全竞争市场利率溢价 1%）和中等波动性情景下，经济扩张期银行最优资本比率为 11.62%，比完全竞争市场条件下（$\tau=0$）降低 0.49%；经济萧条期银行最优资本比率为 11.25%，比完全竞争条件下降低 0.57%。两种经济状态下最优资本比率都降低了，这是因为面临未来不确定损失对银行的负面影响，垄断条件下商业银行能将一部分的损失通过利率定价等转移给企业，这种垄断力量越大，银行持有的预防性缓冲资本相对越少。这与前文静态模型分析得出的结论一致。同样，市场结构对最优资本比率的波动性影响较小。因此可得如下结论：

【命题6】银行业市场的垄断性与银行最优资本比率呈负相关关系。垄断性越强，则银行持有的最优资本比率相对越低。

3. 高级方法银行会选择更高的资本充足率

高级方法的实施将带来商业银行最优资本比率的增加，最优资本比率的逆周期小幅波动的特征仍然存在。因为高级方法下最低资本要求的逆周期变动与最优资本比率的逆周期性相互抵消，且最低资本要求的逆周期波动幅度更大，使得缓冲资本比率出现了顺周期的波动。因此可得如下结论：

【命题7】如果考虑到经济波动带来的不确定性影响，巴塞尔资本协议高级方法监管要求将使得银行为避免最低资本要求的逆周期性波动所带来的违约风险，可能使银行的最优资本比率提高；同时最优资本比率的逆周期小幅波动的特征仍然存在。

（四）泡沫后的思考：要不要救

理论模型显示：资本监管下银行具有逆周期性特征——信贷顺周期性加剧，即经济扩张期银行最优资本比率低，银行信贷进一步扩张；而经济萧条期银行最优资本比率高，银行信贷进一步紧缩。而且，高级方法下，虽然银行系统的风险控制、安全性问题得到进一步提高，但信贷的周期性问题会更加明显。

是否需要监管要求也周期性地变动来降低这种信贷周期性影响？即在经济下滑时期，监管当局应当放松对银行的资本要求；在经济上行期，则应当加强对银行的资本要求（加泰兰，Catalan，2005）。这涉及到资本结构监管目标（银行系统稳定性）和货币政策目标（经济周期平滑性）的协调问题，而监管者和货币政策制定者的目标并不完全一致。经济下滑期间，企业违约风险增加，为控制风险、保持银行系统的稳定性，监管者会倾向于提高资本要求，为刺激经济的恢复，货币政策制定者希望降低资本要求；经济扩张期间，银行利润增加，会倾向于降低资本比率，为防止经济过热，货币政策制定者希望提高资本要求限制银行的信贷资产扩张速度。

【专题21：银行逆周期生存】

财新记者：次贷危机后，美国银行业普遍业绩下滑，但富国银行并没有特别大的变化；美国次贷危机始于住房抵押贷款市场，富国银行作为美国最大的零售抵押贷款发放者，却抵御了次贷危机的冲击，有何逆周期生存之道？

萧兵：这次金融危机对所有银行都有很大冲击，富国银行也不例外。但和同业比较，危机对富国银行的冲击确实较小，一方面是因为富国银行是以零售为主，零售行业的周期性本来就相对小；另一方面就是没有做太多的蠢事，特别是没犯致命级别的错误。富国银行避免了几个比较大的错误：一是在住房抵押贷款方面，富国银行没介入高风险的有选择权的浮动利率抵押贷款（Optional ARMs），这是当时很多银行跟风的房贷产品。二是富国银行没有做太多的投行业务，这次金融危机投行业务是重灾区。

财新记者：巴菲特是富国银行最大的股东。1989 年，他在富国银行被西北银行（Norwest Bank）收购前就已经开始陆续投资富国银行。巴菲特说，富国银行的商业模式比其他银行好了一大截。他还说，银行业是一个很好的行业，因为银行能以极低的成本得到资金，但银行业周期性地做蠢事，且一窝蜂地做蠢事。富国银行如何避免不跟风做蠢事？

萧兵：富国银行尽量避免提供低于信贷评分、资不抵债、可信度低甚至无证明的抵押贷款，基本上不做高杠杆金融衍生业务，不参与 CDO（担保债务凭证）市场，不参与处于表外的 SIVs（结构性投资工具）市场，除了风险控制文化一贯比较谨慎，业务组合上也避免了一些风险。比如投行业务，虽然我们是全能银行，业务领域覆盖几乎所有零售和公司银行业务，但投行业务占比很小。我们对投行业务的做法是，不以投行而投行，投行的目标是服务现有客户。

财新记者：所有的金融机构都强调自己风险可控，但真到危机时，才能检验出谁真正做到风险可控。富国银行的风险控制文化有何不同？

萧兵：富国银行在风险管理上，一是只做自己理解的风险，不跟风做自己不在行的业务；第二，强调风险要可控，不做输不起的事情；第三，要求定价覆盖风险，这也是富国银行息差较高的原因。这三点说来容易，但很多银行做不到。一家银行的风险控制文化不是一两天就能形成的，往往是几十年逐步建立、发展和巩固的结果。

资料来源：萧兵，银行逆周期生存，财新网，2012 年 10 月 11 日。

第四章　全球经验的思考

（一）欧洲和美国战场：不和谐的统一

徐明东（2008）用长期数据分析历史上银行资本比率的变动特征。可以通过对特征和行为的分析，判断对于资本结构指标的影响。命题求证如下：

1. 基于历史视角的银行资本比率：银行天生就爱高杠杆？

分析资本结构监管下商业银行资本比率变动前，在更长的时间期限内简要分析商业银行资本比率的变动是有意义的。以美国为例，（1）早期商业银行的资本资产比率（即杠杆率的倒数）相对较高，银行杠杆经营的程度远较目前低，如1840年美国国内银行平均的资本资产比率高达55%。（2）商业银行的资本资产比率一直呈下降趋势，到了1980年美国银行平均的比率就下降到了5%左右。资本比率的大幅下降与银行监管制度的历史演变有很大关系，如1863年国民银行法案的颁布、1914年美联储成立、1933年联邦存款保险公司（FDIC）成立被认为是美国银行资本比率大幅下降的最重要原因（博杰，Berger，1995）①。其中1933～1945年期间美国国内银行资本比率的迅速下降，存款保险制度的推行被认为是最重要原因（马库斯，Marcus，1984）②，理论上也出现了大量文献讨论存款保险制度

---

① Berger（1995）认为1863年国民银行法案的颁布提高了对国民银行的安全信心，降低了维持市场信心的资本比率要求；1914年美联储成立，允许银行发生流动性危机时可从美联储获得流动性支持（最后贷款人职能），降低了银行失败的风险；1933年存款保险公司的成立相当于为存款者提供了无条件的国家担保。

② 美国是世界上最早建立存款保险制度的国家。20世纪初的经济大萧条，全美先后有9755家银行倒闭，存款人损失约14亿美元，美国金融体系遭受重创。为了应对危机，1933年6月美国国会通过了《格拉斯—斯蒂格尔法》，其中很重要的一条就是成立美国联邦存款保险公司（FDIC）。1933年7月，FDIC正式成立，1934年建立联邦储蓄信贷保险公司FSLIC，负责向储蓄信贷协会S&Ls提供存款保险。

下商业银行的最优资本结构问题①，存款保险制度带来了银行的道德风险问题：道德风险的产生源于保险溢价不能反映被保险者经营活动的潜在风险，被保的存款可被认为是银行最低成本的资本来源，所以银行会选择高杠杆比率。（3）20 世纪 80 年代末以来随着 Basel 资本协议的实施资本资产比率开始回升。银行资本比率的历史变动反映了银行资本作用的变化。

资料来源：FDIC：Federal Deposit Insurance Corporation，www. fdic. gov。

2. 资本结构监管是否影响了银行资本比率？

接下来来考察 1988 年 Basel 协议实施前后银行资本比率的变动情况，以分析资本结构监管对银行资本比率的变动有何影响。有关研究表明，自 1988 年 Basel 协议实施以来，工业化国家银行按风险加权的资本比率从 1988 年的 9.3% 增加到 1996 年的 11.2%，增加了约 2 个百分点，1996 年的资本比率高出 8% 的最低资本要求约 3 个百分点，也就是说缓冲资本比率约 3%；其他大多数国家的资本充足率也都有了增长，低资本比率的银行经历了更大程度的提高，他们的资本比率增加比其他银行多出 2.14 个百分点（Basel，1999）。从美国数据来看，美国国内银行资本比率高出最低资本要求更多，而且自 1988 年以来提高非常明显，1988 年美国国内银行的核心资本比率约 7.5%，一般资本比率约 9.5%，分别高出最低资本要求 3.5 和 1.5 个百分点，而到了 1993 年分别为 11% 和 14%，分别高出最低资本要求 7 和 6 个百分点；自 1993 年后直到目前基本维持在该比率上下小幅波动。伴随着 1988 年 Basel 协议的实施，美国等大多数国家银行平均资本比率都有了较大幅度的提高。从 1988 年巴塞尔协议在 G10 国家的实施情况看，自从协议实施后，这些国家的风险加权资本充足率水平显著提升，这些国家银行业平均的资本充足率水平从 1988 年的 9.3% 上升到 1996 年的 11.2%；其次，大多数国家经历了银行资本充足率水平的上升；此外，相对于历史上具有较高的银行资本充足率水平的国家，在 1988 年银行业资本充足率水平接近或低于巴塞尔协议的 8% 最低要求的国家经历了更高的资本充足率水平上升。因此，总体看来，1988 年巴塞尔协议的实施在一定程度上促进了 G10 国家银行业资本充足率水平的提升。

---

① 详见前面文献回顾部分。

3. 银行资本比率：顺周期还是逆周期?

关于银行实际资本比率的变动有两种观点：一种是顺周期性观点，认为经济扩张期贷款违约率低，利润的增加也可以利用更多保留利润增加资本，所以资本比率高；经济萧条期，贷款违约率增加，银行资产坏账和资本注销增加，而银行利润的减少也使得利用保留利润增加资本更加困难，所以资本比率低。另一种是逆周期性观点，认为银行资本起着“缓冲器”作用，在经济扩张期银行预期资产组合风险降低，那么将降低资本比率，并扩张信贷以利用经济扩张期的投资机会；经济萧条期，银行预期资产组合风险增加，那么将增加资本比率，并紧缩信贷以避免遭受更大的损失。在我们的理论部分，基于银行谨慎性动机的缓冲资本理论，我们的分析支持银行最优资本比率的逆周期性观点。

那么银行实际资本比率到底是顺周期和逆周期的呢？大量的实证研究表明，银行资本比率与经济增长变量之间存在负相关关系，即银行资本比率存在逆周期性特征，但银行资本比率的周期性波动幅度小于经济增长的波动幅度。银行资本比率的逆周期性特征说明了实际资本比率的变动虽然同时受主动的逆周期性（最优资本比率的变动）和被动的顺周期性（冲击变量）的并存影响，但即使受被动性冲击影响，银行仍然会采取措施使实际资本比率向目标资本比率调整，验证了我们实际资本比率将围绕银行最优资本比率上下波动的判断。

选取了美国银行（Bank of Ameriea）和花旗集团（CITI Group）两家国际先进银行作为研究对象，分析资本比率的周期性问题。之所以选择两家美国的银行，是因为虽然两家都是国际先进银行，但经营范围和国际化的程度明显不同，这样可以考察银行国际化程度对资本比率与经济增长的关系的影响。自 1997 年以来的这段时间美国经济明显经历了 2001 年的经济低谷期，在这段时间中，美国银行的资本充足率的逆周期性特征非常明显：2001 年经济低谷期（实际 GDP 增长率由 2000 年的 3.6% 下降到 2000 年的 1%），伴随着美国银行资本充足率的迅速提高，由 11% 上升到 12.7%，见图 3。

2007～2009 年美国经济经历了又一次经济低迷期，从图 4 中可以看出次贷危机期间，花旗银行资产充足率也呈现显著的上升趋势。

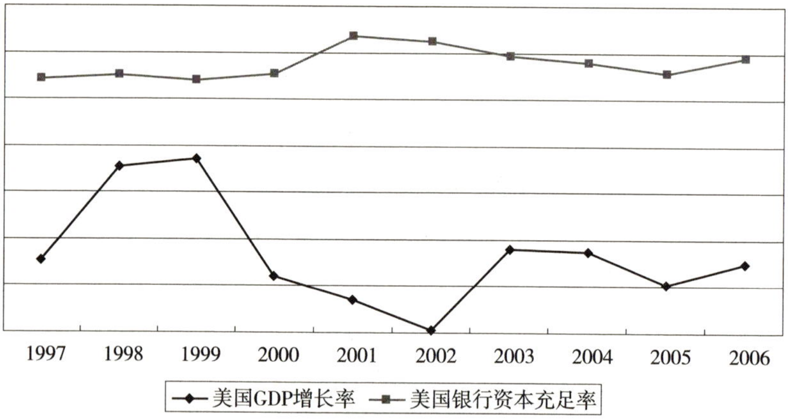

图 3　美国银行资本结构比率与 GDP

资料来源：美国银行网站，www. bankofamerica. com；美国商务部，U. S. Bureau of Economic Analysis（BEA），www. bea. gov。

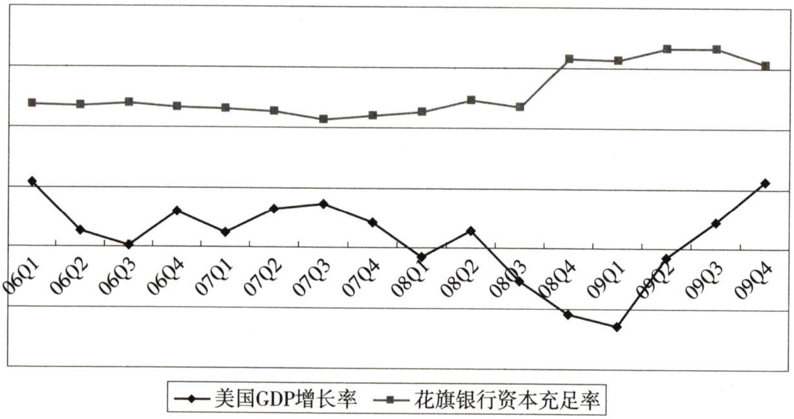

图 4　花旗银行资本结构比率与 GDP

资料来源：花旗银行网站，www. citigroup. com；美国商务部，U. S. Bureau of Economic Analysis（BEA），www. bea. gov。

从变化趋势上看，花旗银行的周期性特征不如美国银行明显，这与两家银行的国际化程度有关，2007 花旗银行的美国本土资产仅占 48%，而同期美国银行的美国本土资产占 89. 10%。即花旗银行的资产分散程度更大，而美国银行的资产主要在国内，与美国经济的周期性关系相应更加紧密。

从分季度的整体趋势看，虽然大趋势资本充足率与GDP增长似乎不存在很显著的逆周期属性。但从1990－1991年间、2001－2002年间、2007－2010年间，在三次金融和网络泡沫危机发生期间，银行都显著地提高了对于资本的要求，储备粮食“过冬取暖”的意图明显，再次验证了逆周期性的存在。这可以被看成银行对抗金融海啸的最有效的武器。

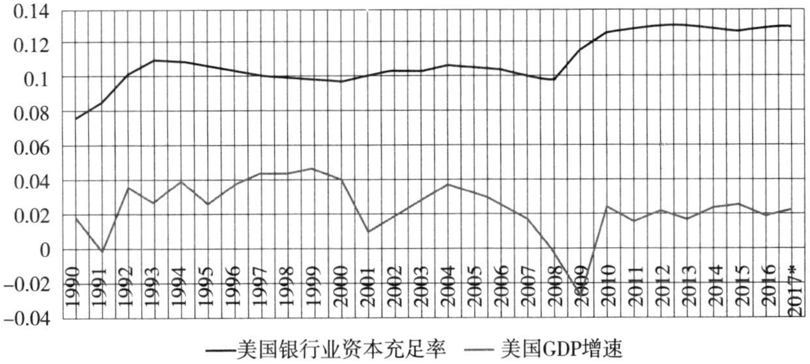

图5　1990－2017年美国银行业资本充足率与GDP增速比较

资料来源：FDIC：Federal Deposit Insurance Corporation，www.fdic.gov；美国商务部，U.S. Bureau of Economic Analysis（BEA），www.bea.gov。2017年数据为一季度数据。

4. 银行资本比率：国别差异与个征差异

前面分析了基于时序数据的银行资本比率特征，这里分析基于横截面的银行资本比率的国别和个征差异特征。大量的研究还表明，各国银行业平均资本比率的差异与各国金融监管环境（包括规制和执行严厉度）、金融市场发达程度、金融业的市场结构、资本成本以及银行业资产的风险程度等有关。一般而言，一国金融监管制度越健全、审查和违规惩罚力度越强，则银行违约成本越高，银行资本比率越高；一国金融市场越发达，金融市场的竞争越强，市场约束的力量将越大，银行为降低融资成本，将保持更高资本比率以向市场发送信号，从而降低融资成本；一国的资本成本越低，则资本比率相对较高。在这些因素中，金融监管的监管约束和市场约束对银行资本比率的跨国差异解释力较大，而资本成本对资本比率的影响力相对较小，如日本，研究表明，1984—1997年期间日本国内银行的股权资本成本甚至不足美国的1/52，低股权资本成本被认为是20世纪80年代中期日本银行全球迅速扩张的重要原因，但同期日本国内银行的资本比率仍低于美国约 4 个百分点。

即使在一国内具有不同个征的银行其资本比率也具有差异，一般而言，大银行有更少的流动性限制和更低的资本调整成本，资本比率相对较低一些；银行资本比率与现有的不良贷款水平可能存在负相关关系（道德风险行为的存在），过去有更高不良贷款水平的银行往往有更高的资本比率；资产组合风险越高的银行，往往持有更高的资本比率；私有银行往往比国家持股的银行持有更高的资本比率；银行表外业务活动、贷款销售和证券化降低了银行资本比率，等等。

（二）局部战场：香港地区的调研数据分析

前面分析了基于时序数据的各国银行业资本比率变动情况及其解释和横截面数据的国别和个征差异，这些基于数据的分析可以说都是从结果推析资本比率的特征及影响因素。该部分将根据香港金融监管局（Hong Kong Monetary Authority）2004 年 12 月所做的一份 31 家银行的资本决策调研的数据进行分析。利用调研数据的优势在于能直接剖析市场微观主体的资本决策机制，相当于为我们研究主题资本结构监管下的商业银行最优资本比率，提供了重要和直接的微观证据，也是我们前面所做的理论分析和基于历史和横截面数据的分析的一个重要补充。

该调研问卷包含了实践中银行资本最优决策的许多有用信息，我们将主要分析其影响商业银行最优资本比率的因素。在该调研问卷中，根据埃尔芬（Alfon）（2004）的思路，影响商业银行最优资本决策的因素被分为三类：银行内部因素、市场纪律和监管要求（对应的行为主体：银行自身、市场和监管者）。银行的内部因素包括银行的风险水平、经济周期效应、代理问题、银行的业务战略和资本的机会成本等，市场纪律主要通过信用评级、融资和竞争对手压力起作用，监管压力反映监管环境如何影响的资本水平，除最低资本要求外，还包括监管规则、对银行违背监管要求的反应、监管干预的程度等。

根据调研结果，影响银行最优资本决策的 13 个因素中最重要的 5 个因素分别为（按照重要性排序）：为了避免违反最低资本要求的严重后果、满足银行长期业务战略的资本需求、市场上通过资本比率对银行风险的判断、缓冲由于风险实现所带来的未预期损失、保持或改善外部信用评级机构对本行的信用评级。显然，银行把持有超过最低资本要求的资本比率的动机首先归结为要避免违反监管要求，突出了资本结构监管对银行最优资本比率的重要性影响。满足银行内部战略发展需要和市场约束也是影响银行最优资本比率的重要因素。另外，监管资本要求低估了资产风险所以要持有更高的资本比率、为了保证更好地进入货币市场和保证获得批发存款等廉价资金来源是银行排在 13 个因素中最后面的 3 个因素，可见完全的短期资本成本并不是决定银行最优资本比率的重要因素。

第五章 杠杆革命指向东方：国有资本金

根据前面的分析，一般而言，商业银行的资本可归纳为四方面作用。对于资本金的国有属性是否决定了其作用不同资本金作用的不同很可能决定了国有商业银行最优资本结构的特殊性。这里将首先分析国有银行资本金的性质与作用，然后讨论国有商业银行的最优资本比率，最后分析资本结构监管与中国商业银行的资本银行的资本比率。

（一）“开了挂”的别人家的股本：国有资本金的性质与作用

国有银行资本金的功用与国家出资的性质有关，对于国有银行，国家资本的性质是国家信用担保。在张杰（2003）提出两个阶段的基础上，我们增加了 2008 年以来的新阶段进行分析：

第一阶段：1997 年以前

对国有银行来说，国家长期以担保代替注资，更明确地讲，国家是以其声誉“入股”的（张杰，1997）。国有银行的市场信誉便是通过国家声誉来显示；与国家声誉相伴随的担保机制解除了国有银行的破产倒闭之忧，破产、清算和敌意收购等威胁对国有商业银行是不可置信的；在国家声誉充当资本金的场合则根本没有支付转换成本的必要，更何况这种特殊资本金的缺损也是无法用资产的转换来弥补的，也没有用资本限制资产扩张的规则。至于风险偏好，由于国家对国有银行隐性担保的存在，国有银行及其经营管理者也没有足够的压力来强化银行内部治理和防范风险。在“担保代替注资”情况下，资本充足率不足的问题就显得根本不重要了。

张杰（2003）认为国家当初设立国有银行的主要目的是为了向国有部门转移金融剩余，一方面保证老百姓能把钱存进来，另一方面确保将其贷到国家所偏好的项目上去。至于流动性管理、资产管理、负债管理以及资本充足率管理等现代商业银行管理的核心内容则在这种银行体制中显得无足轻重或根本没有必要。仅就我们所关注的资本金问题而言，一开始各个国有银行是有自有资金的，而且曾经一度远远高于现代商业银行的资本金要求。如在1989年以前，国有银行的资本资产比率都在9%以上，多数年份超过11%（张杰，1998）。当然，如此高的资本充足率并非国家为了“达标”而做出的有意安排，而是由于一开始国有银行较小的资产规模所致。后来，随着资产规模的迅速扩张，资本比率直线下滑，1996年跌到4.34%。尽管国有银行的资本比率一降再降，但人们在国有银行的存款仍然有增无减。与此同时，国有银行的不良债务也在迅速积累，可其继续提供信贷的能力似乎未受影响。

以上事实表明，国有银行的稳定性似乎与其资本金的多少无关。但随着国内市场经济体制的改革，国内银行业出现了两大问题：一是计划体制下的银行机构体系是依照行政序列建立起来的，银行机构与政府部门的业务关系和权力关系都极为密切，这有力保证了“资金动员”的功能；将计划经济体制下的储蓄银行全面转变为市场经济条件下的信贷银行，继续依赖行政权力和行政建制，有力地保证了“资金使用”的财政化，即政策性信贷；“银行与政府的权属关系”和“行政序列化的分支银行体系”是支持银行体系的储蓄功能和政策信贷功能的两个重要支柱；但是，当商业信贷与政策信贷相区分之后，这两个支柱就成为中国银行体系脆弱的“软肋”，难以支持银行商业信贷功能的稳定，甚至是银行体系效率的“杀手”（张杰，2003）。二是银行体系的坏账问题，虽然国家对四大国有银行多次剥离不良资产，但新的坏账又大量出现。在1998年中国发行了2700亿元特别国债补充银行资本金，1999年开始设立资产管理公司，且剥离掉14000亿元的不良债务，但2000年四大国有银行的资本比率仍然仅为4.62%（吴敬琏，2002）。若按净值计算，则会更低（甚至为负）。

从长期来看，坏账问题严重所反映的银行业风险管理能力，以及银行业自身盈利模式和能力等问题交织在一起，严重影响了中国金融系统的稳定性，构成了中国金融系统潜在金融危机的根源。

第二阶段：1997年东南亚金融危机后

危机揭示了银行体系问题的严重性。要打破银行系统的危机根源，需要对微观主体运行机制和监管机制进行重构，为微观银行的运营重新设计游戏规则成为必须的选择：银行公司治理改革、政府注资、引进战略投资者、上市融资，营造竞争性的环境，用市场声誉来代替国家声誉，并且用资本规则来限制资产扩张。从理论上看，银行的注资和坏账剥离等反映了国家在声誉提供成本与真实资本的注入成本之间的权衡，当声誉提供成本大于注资成本时，国家会选择注入真实资本。随着银行业市场化改革的深入，除防止破产倒闭的功能外，银行资本的其他三种作用将逐步显现。因为国内银行业国有资本占主导地位的状况一定时期内不会改变，且国家资本的性质仍会充当国家信用保证，国有银行资本防止破产倒闭的功能也仍然是弱化的。

第三阶段：2010 年全球金融危机后

随着中国银行业的“主力部队”——国有银行纷纷 IPO 上市成功，完成了从传统政策性专业银行向新兴现代化股份制金融集团的转变。这一阶段国有资本金的资本管理属性又发生了新的变化，国有资本的股东——国家以及代理履行出资人资格的财政部，从原先的“管人管事管资产”变为“管资本”，形成了一整套符合现代公司治理模式的国有资本管理理论框架和实践，成为全球公司治理的一大创新。不仅解决了中国长期已来面临的“不管就乱、一管就死”，而且甚至引领了全球银行资本的国有化浪潮，资本主义国家也有姓“社”的银行。见下表。

表 2　金融危机以来西方主要国家银行国有化情况表

国别	国有化的对象	政府取得股份的方式
美国	房利美和房地美	美国财政部向房利美和房地美注资，用于购买“两房”各自发行的 10 亿美元优先股，财政部获得两家公司各 79.9% 的股份。
	美国国际集团	美国联邦储备委员会向美国国际集团提供 850 亿美元的紧急贷款，换取 79.9% 股份的认股权证。
	花旗集团	美国财政部、联邦储备委员会和联邦存款保险公司向花旗集团注资 450 亿美元，用于购买花旗集团优先股，美国政府取得 7.8% 股权成为单一最大股东。后美国财政部与花旗集团达成协议，财政部将其中最多 250 亿美元的优先股转换为普通股，换股完成后美国政府持有花旗的权益提升至 36%。
	通用汽车公司	通用汽车公司向美国纽约联邦破产法院申请破产保护，美国政府提供 154 亿美元救助资金和 300 亿美元联邦政府额外协助。重整后新通用汽车公司的股份由债转股形成，其中 60% 的股份由美国联邦政府持有，12.5% 的股份由加拿大政府持有，全美汽车工人联合会（UAW）持有 17.5% 的股份，无担保债权人持有 10% 的股份。日后美、加政府所持股份将向无担保债权人再转让 10%，通用汽车公司的现有股东将被清除。

续表

国别	国有化的对象	政府取得股份的方式
英国	诺森罗克银行	英格兰银行向诺森罗克银行提供250亿英镑紧急援助贷款，后英国政府宣布将借给诺森罗克银行的贷款转为债券，以便为私营买家收购诺森罗克银行铺平道路。由于重组收购报价大大低于市值，商业收购有可能使英国政府通过英格兰银行提供的贷款无法全部收回，而让私人投资者获得巨额利润，英国财政大臣阿利斯泰尔·达林宣布暂时将诺森罗克银行国有化。
	莱斯TS银行	政府为莱斯TS银行2600亿英镑不良资产提供担保。作为政府提供担保的条件，英国政府在该银行中的股份从原来的43%上升为至少65%。如果该银行向政府发行的“B”类特别股份转换为普通股，政府所占有的股份则将增至77%。政府拥有表决权的股份将限制在75%。
	苏格兰皇家银行	政府为苏格兰皇家银行3000亿英镑的资产提供担保。作为政府提供担保的条件，苏格兰皇家银行向政府发行B类特别股份，最多筹集255亿英镑资本，这些股份可以转换为普通股。英国政府最多拥有该银行95%的股权，但财政部表示其投票权比例不会超过75%。
德国	德国住房抵押贷款银行	政府向德国住房抵押贷款银行提供1020亿欧元的贷款额度与债务担保，政府通过救援基金以法定最低价格每股3欧元认购HRE发行的2000万股新股，取得该行8.7%的股份。后经德国金融监管局批准，政府救援基金（Sofiin）向该行全体股东发出每股1.39欧元的收购要约，该收购要约执行后，政府将持有该银行大部分已发行股票。

资料来源：金碚、刘戒骄，西方国家应对金融危机的国有化措施分析［J］经济研究2009年11期。

（二）超级大国的另一种模式：以人民名义的银行

在这种模式下，作为“人民名义”的国有银行，其资本结构存在特殊性，与国有资本金的属性有着天然的联系。张杰（2003）认为：

1. 资本充足：低成本，具有战略优势

早期在国家主要以声誉资本入股的情况下，国有银行的资本结构十分特殊，它是国家声誉与居民存款在特殊改革背景下的一种奇妙组合。作为出资人，国家以其独有的声誉“入股”，而居民部门则以存单持有人的身份实际提供着真实资本。也就是说，国有银行资本金的多少只具有一定的会计意义。所以，在银行资本的四种作用都不存在的情况下，银行的最优资本结构就是零资本。如果在微观主体运行机制未发生根本性转变的情况下，实施以资本充足率为核心的资本结构监管，那么国有银行的资本比率也会显著低于发达市场私营银行的资本比率，如果监管惩罚和限制力度较弱的情况下，那么银行的资本比率将接近最低资本要求，甚至低于最低资本要求。

2. 抗风险：对私营银行的超越

随着银行业市场化改革的深入，银行自身战略、监管约束和市场约束有效的情况下，国有（控股）资本除防止破产倒闭的功能外其他三种作用逐步显现，虽然大凡股东或者出资人都具有尽量少提供资本金的偏好，这种偏好基于以下逻辑：若给定银行的资产回报率，资本金越低，银行股东的回报率就越高（米斯金，Mishkin，2001），但银行的所有者会在股东的安全与收益之间进行权衡，因为持有资本金既有收益（使银行股东的投资更加安全）也有代价（降低银行的股本回报率）。银行的最优资本结构将不再是零资本，而是将有所增加。同样，若实施以资本充足率为核心的资本结构监管，那么银行的最优资本比率也会视情况显著高于最低资本要求。

（三）伟大复兴：中国银行业“花式碾压”欧美

超级大国崛起在东方，以“人民名义”的超级银行巨型产业集群落地中国。目前，中国银行业正在以压倒性的优势席卷全球，刷爆了《THE BANKER》《福布斯》等各类全球金融机构排行榜！笔者曾经参加过数次FSB 等国际会议，切身感受到了近些年全球对于中国银行业爆发而表现出态度的转变。

1. Banker 排名

世界银行 1000 强是最富盛名的银行综合实力排行榜，由英国老牌金融杂志《THE BANKER》（银行家）每年 7 月公布。

全球 1000 家大银行——中国银行业越来愈强大！

2016 年 6 月 29 日，英国《BANKER》杂志发布 TOP1000 大银行排行榜，中国工商银行，中国建设银行，中国银行和中国农业银行都在全球一级资本排名前五的银行中，TOP 5 只留给其他国家 1 个位置。其中，中国工商银行已经连续“四连冠”，并且关键是随着与其他国家银行的差距越来越大，似乎未来欧美银行进入前十都是奢望。目前可以对 2017 年 6 月末的 2017 年榜单进行预测，不过估计赔率会几乎为 1，可以毫不怀疑的是，中国“四大行”笃定入选 2017 年的前五名之列。

【专题 22：2016 年全球 1000 家大银行的中资银行排名】

2016 年全球最资深权威的金融杂志——英国《银行家》杂志发布了 2016 年的年度全球 1000 家大银行的榜单。

刷爆了朋友圈，金融人士的逼格已经不再用“汇丰、花旗、摩根”等顶级国际投行来标榜，而是不经意地透露“俺老家的银行排名多少”，被誉为中国银行“泥腿子”之低调的奢华……

表 3　英国《银行家》2016 年全球 1000 家大银行中资行名单

序号	银行	一级资本（单位：亿美元）	2016 年排名	2015 年排名	排名变化
1	中国工商银行	2744. 32	1	1	0
2	中国建设银行	2200. 07	2	2	0
3	中国银行	1980. 68	4	4	0
4	中国农业银行	1856. 07	5	6	1
5	交通银行	821. 93	13	17	4
6	招商银行	535. 35	27	28	1
7	上海浦东发展银行	491. 18	29	35	6
8	中信银行	489. 96	30	33	3
9	兴业银行	485. 28	32	36	4
10	中国民生银行	473. 59	33	38	5
11	中国邮政储蓄银行	414. 50	39	54	15
12	中国光大银行	341. 80	46	57	11
13	平安银行	231. 23	60	72	12
14	北京银行	179. 80	77	87	10
15	华夏银行	173. 02	79	81	2
16	广发银行	148. 19	86	92	6
17	上海银行	142. 19	91	108	17

续表

序号	银行	一级资本（单位：亿美元）	2016 年排名	2015 年排名	排名变化
18	江苏银行	100.72	126	136	10
19	恒丰银行	86.04	143	170	27
20	南京银行	80.34	152	201	49
21	浙商银行	77.42	158	199	41
22	重庆农村商业银行	72.57	170	171	1
23	宁波银行	69.02	177	196	19
24	盛京银行	64.03	186	192	6
25	徽商银行	63.93	188	191	3
26	上海农商银行	60.97	194	193	-1
27	北京农商银行	55.15	201	206	5
28	渤海银行	54.68	202	211	9
29	广州农商银行	54.06	203	202	-1
30	哈尔滨银行	51.66	207	209	?
31	中原银行	50.92	210	225	15
32	天津银行	50.88	211	219	8
33	杭州银行	48.93	219	235	16
34	成都农商银行	47.76	224	237	13
35	厦门国际银行	41.74	242	356	114
36	包商银行	40.22	246		-246
37	锦州银行	39.74	250	350	100
38	昆仑银行	35.20	274	288	14
39	顺德农商银行	34.84	279	285	6
40	重庆银行	32.67	290	349	59
41	东莞农村商业银行	32.10	292	305	13
42	吉林银行	31.39	298	307	9
43	成都银行	31.11	304	308	4
44	天津农商银行	30.97	307	321	14
45	江西银行	30.88	308	453	145
46	广州银行	30.49	311	318	7
47	苏州银行	29.15	319	330	11

续表

序号	银行	一级资本（单位：亿美元）	2016 年排名	2015 年排名	排名变化
48	大连银行	28. 18	329		-329
49	郑州银行	27. 02	338	440	102
50	青岛银行	25. 34	353	483	130
51	汉口银行	24. 39	363	364	1
52	深圳农村商业银行	23. 43	370	405	35
53	河北银行	23. 42	371	456	85
54	武汉农村商业银行	23. 35	372	392	20
55	长沙银行	23. 26	373	395	22
56	东莞银行	23. 23	374	383	9
57	西安银行	22. 17	389		-389
58	贵阳银行	21. 72	395	454	59
59	富滇银行	21. 68	396	397	1
60	兰州银行	21. 40	402	510	108
61	青岛农村商业银行	20. 48	414		-414
62	江南农村商业银行	20. 25	421	411	-10
63	洛阳银行	19. 97	431	504	73
64	华融湘江银行	19. 65	438	447	9
65	杭州联合银行	18. 26	460	459	-1
99	浙江泰隆商业银行	10. 72	647	669	22
100	福建海峡银行	10. 57	651	624	-27
101	浙江民泰商业银行	10. 48	654	646	-8
102	乌鲁木齐银行	10. 21	664		-664
103	江苏吴江农村商业	9. 88	672	678	6
104	紫金农村商业银行	9. 33	697	684	-13
105	厦门农商银行	9. 32	700	785	85
106	广东华兴银行	8. 95	721	707	-14
107	乐山市商业银行	8. 94	722	722	0
108	临商银行	8. 86	727	752	25
109	莱商银行	8. 43	744	687	-57
110	黎枝花市商业银行	7. 88	765	765	0

续表

序号	银行	一级资本（单位：亿美元）	2016 年排名	2015 年排名	排名变化
111	德阳银行	7.81	772	776	4
112	新会农村商业银行	7.34	799	769	-30
113	沧州银行	7.29	801	815	14
114	东营银行	7.19	805	808	3
115	绍兴银行	7.03	816	797	-19
116	昆山农村商业银行	6.70	830	846	16
117	金华银行	5.65	887	882	-5
118	药都农村商业银行	5.18	917	783	-134
119	嘉兴银行	5.01	930	925	-5

资料来源：微信号轻金融根据英国《银行家》杂志制表。

2. 福布斯排名

福布斯全球企业2000强榜单是全世界最大、最有实力的上市公司的一个综合排名，排名以营业收入、利润、资产和市值的综合评分为依据。招人恨的是，前十名中中国4家，美国5家，日本1家；中国的4家全是银行，包揽前三！

表4　2016年美国福布斯排行榜

排名	公司名	公司	国家	营业收入	利润=	总资产	市值
1	ICBC	中国工商银行	中国	$171.1 B	$44.2 B	$3,420.3 B	$198 B
2	China Construction Bank	中国建设银行	中国	$146.8 B	$36.4 B	$2,826 B	$162.8 B
3	Agricultural Bank of China	中国农业银行	中国	$131.9 B	$28.8 B	$2,739.8 B	$152.7 B
4	Berkshire Hathaway	美国伯克希尔哈撒韦公司	美国	$210.8 B	$24.1 B	$561.1 B	$360.1 B
5	JPMorgan Chase	摩根大通银行	美国	$99.9 B	$23.5 B	$2,423.8 B	$234.2 B
6	Bank of China	中国银行	中国	$122 B	$27.2 B	$2,589.6 B	$143 B
7	Wells Fargo	富国银行	美国	$91.4 B	$22.7 B	$1,849.2 B	$256 B
8	Apple	苹果公司	美国	$233.3 B	$53.7 B	$293.3 B	$586 B
9	ExxonMobil	埃克森美孚公司	美国	$236.8 B	$16.2 B	$336.8 B	$363.3 B
10	Toyota Motor	丰田汽车	日本	$235.8 B	$19.3 B	$406.7 B	$177 B

资料来源：Forbes，福布斯，www.forbes.com。单位：亿美元。

第四篇　大爆发

破局后——抗争、潜伏、苦恼……

杠杆破局（Deleveraging）的显著标准：根据麦肯锡全球研究院的调研，社会总债务/GDP 连续 3 年 10% 以上。按照这个标准，30 年代“大萧条”以来，全球已经历 45 次类似的事件。典型案例：

美国的大萧条：1929 - 1943 年

英国：1947 - 1980 年

马来西亚：1998 - 2008 年

墨西哥：1982 - 1992 年

阿根廷：2002 - 2008 年

据麦肯锡全球研究所统计，从 2007 年到 2015 年，五个发展中国家占国内生产总值的比例都有显著下降，但也有 14 个国家增长了 50% 以上。截至 2015 年，债务与全球国内生产总值的比例为 17%。

资本结构监管的目的是限制银行的过度风险行为。资本约束可能影响银行的信贷供给。借助徐明东（2008）模型的分析结论，向大家揭示对“资本”VS“杠杆”严重冲突下的事态发展。

第一章 杠杆约束下的暗流涌动：银行的抗争

银行当然不满足"炼金术"的终结，要用一切手段去获得股东价值最大化，换言之，也就是在风险可控情况下，用最少的资本去赚最多的钱。说到底，由于其经营模式的特点，天然的杠杆基因犹在！

（一）革命的代价：紧资本约束

根据前面的内容，在不确定的环境下，受银行内部要素、市场纪律和监管要求等影响，银行存在最优资本结构的内点解。为了避免违反最低资本要求的严重惩罚成本，包括直接的监管惩罚和间接的市场机会丧失、特许权价值降低以及竞争效应所带来的融资成本上升等，银行往往会选择持有一定高于最低资本要求的缓冲资本。持有缓冲资本量的规模受经济周期、市场结构等经济变量和风险偏好、发展战略等银行变量以及监管惩罚力度等影响。

在商业银行最优资本比率存在的基础上，类似于回归预期的假设，我们假定银行总是存在主观动机调整资产负债表结构，使得资本比率向最优资本比率回归（谢里夫，Shrieves，达尔，Dahl，1992）。这样，就能将影响银行实际资本比率变动的因素分为两类：银行的主观调整和其他外生冲击变量的影响（如实际信贷违约率等），可表示为：

公式 4.1：$CAR_{j,t} = CAR_{j,t}^{d} + \varepsilon_{j,t}$

其中 $CAR_{j,t}^{d}$ 表示资本比率的主观调整，$\varepsilon_{j,t}$ 表示外生随机冲击（如未预期到的经济萧条等）。实际上，行为惯性、调整成本、信息缺乏等因素会限制商业银行短期内迅速将实际资本比率调整到目标资本比率的能力①，

① Barakova 和 Carey（2001）研究发现 1984－1999 年美国银行一旦资本大量损失造成资本不足到恢复正常水平平均需要 1.6 年。

因此可构建商业银行实际资本比率的动态调整模型[①]为：

公式 4. 2：$CAR_{j,t} = a(CAR_{j,t}^{*} - CAR_{j,t-1}) + \varepsilon_{j,t}$

其中 a 表示调整速度，$CAR_{j,t}^{*}$ 表示银行 j 在 t 的最优资本比率，该比率不可直接被观测到。上式两边同时加上滞后变量 $CAR_{j,t-1}$，就能得到如下实际资本比率与最优资本比率间的变动关系式：

公式 4. 3：$CAR_{j,t} = (1 - a)CAR_{j,t-1} + aCAR_{j,t}^{*} + \varepsilon_{j,t}$

从（公式 4. 3）式可知，影响银行实际资本比率的因素包括银行实际资本比率滞后值、最优资本比率、外生随机冲击。这样，可以定义银行“紧资本约束”，为实际资本比率低于最优资本比率的资本约束状态。

（二）痛苦的抗争：危机 + 惩罚双重叠加

从上文紧资本约束的分析式（公式 4. 3）中，可以将引起商业银行紧资本约束的因素分为两类：

第一类：“杠杆”干扰

若某因素的变动引起最优资本比率的提高，而银行实际资本比率并没有提高，导致最优资本比率与实际资本比率间出现缺口，银行面临紧资本约束。银行业竞争加剧，银行存贷利差缩小，银行的风险规避意愿变大，银行扩张战略，资本充足率要求提高，监管惩罚力度增大等导致的内在约束、市场约束、监管约束越紧，则银行的最优资本比率越大，那么最优资本比率与实际资本比率间缺口越大，资本约束越紧。

第二类：外生冲击

包括企业贷款违约率上升，或者资本市场损失等，如 2007 年开始的美国次贷风波。外生变量的冲击将会引起银行坏账冲销的增加，使得实际资本比率降低，可能导致最优资本比率与实际资本比率间出现缺口，银行面临紧资本约束。外生冲击的强度决定了是否给商业银行造成紧资本约束或者紧资本约束的程度。

① Peltzman（1970）和 Marcus（1983）是最早采用部分调整模型来研究商业银行资本决策的学者。

（三）不屈：银行的扩张基因

当银行面临“紧资本约束”时，设定其主动调整资产负债表的“触发机制”为实际资本比率低于最优资本比率的幅度达到 o_{gap} ，当银行实际资本比率与最优资本比率差距大于 o_{gap} 时，银行将会主动调整资本比率。所以，通过（公式4.3）式可以分析资本结构监管和未预期的信贷违约率提高对商业银行资本比率的影响。如前文的分析，资本结构监管通过影响商业银行最优资本比率来影响商业银行实际资本比率，资本充足率要求提高，则最优资本比率提高，当使得最低资本要求提高后的最优资本比率高于银行实际资本的幅度超过 o_{gap} 时，银行将会主动提高实际资本比率；未预期的信贷违约率提高，银行坏账增加、资本注销增加，短期内将迅速降低实际资本比率，当与最优资本比率的差距超过 o_{gap} 时，为避免资本比率过低对银行的负面影响，银行将主动通过资产负债表的调整来提高资本比率。

银行资本比率与银行资产负债表资产、资本等关系为：

公式4.4：$CAR_{j,t} = \frac{Z_t}{\sum \omega_{it} A_{it}}$

其中 ω_{it} 表示资产风险权重，A_{it} 表示风险资产，Z_t 表示 t 期的资本水平，其变动路径为：

公式4.5：$Z_t = Z_{t-1} + n_t + (1 - t_{t-1})\pi_{t-1}$

n_t 表示 t 期实现的新增股权融资，π_{t-1} 、t_{t-1} 分别表示银行净利润和股利分配率，反映了银行的内源资本增加量。从（公式4.4）、（公式4.5）式可以分析当银行面临紧的资本约束时银行主动调整资本比率的方式：调整分母或调整分子。这种调整途径包括：内部融资和股利政策、股权融资决策、长期债券融资决策、风险资产调整决策等。

1. 减少风险头寸（risk exposure）

银行可以通过降低存量风险暴露和增量风险暴露，多种方式降低实际风险暴露，即减少信贷、将高风险权重资产转向抵押贷款、银行间借贷和政府证券等相对低风险权重资产。

(1) 贷款销售。[1] 银行典型的经营方式是发放贷款后一直持有至贷款到期，由此，银行独立而且完全承担了贷款到期所蕴含的信用风险。银行业务的创新改变了这种状态，贷款销售的引入使得银行可以将贷款从自己的资产负债表上转移到其他机构，从而舍弃了此种传统的经营方式，且避免了传统经营方式带来的高风险。贷款销售在美国资本市场并不是新鲜事物，大银行很早就通过出售贷款的份额来避免贷款投资组合过于集中（托马斯，Thomas，王，Wang，2004），甚至在20世纪80年代不断有银行出售贷款并且为了销售而特意发放贷款（戈顿，Gorton，豪布里奇，Haubrich，1995）。贷款销售的动机除了降低调节税，盘活现有的贷款资产、更大程度地增强银行的贷款发放和分配能力、获取比较优势，信贷资产组合管理等外，一个显著的作用就是通过贷款交易行为来调整本银行内部的资源配置，从而能够更好地满足监管要求，特别是用于满足对于借款限度（存贷比）[2] 和资本充足率的审慎要求。最低资本要求的实施被认为是20世纪80年代至90年代美国银团贷款二级市场的快速发展的一个重要原因，帕维尔（Pavel）和菲利普斯（Philis）（1987）、博杰（Berger）和乌德勒（Udell）（1993）、德姆塞茨（Demsetz）（1994）、豪布里奇（Haubrich）和汤姆逊（Thomson）（1996）、泰勒（Taylor）和杨（Yang）（2004）等人的研究都发现美国资本金较少和融资成本高的银行是更加活跃的贷款销售者。

贷款的直接出售面临上述信息不对称问题，在实践操作中，为了减轻潜在买家的担忧，通常采用间接的出售方式，即资产证券化的方式，售出贷款的银行保留一定的风险暴露的方式，通过附带部分追索权协定的方式赋予买家对售出银行的追索权，使卖家保留对于售出贷款的部分次级权益，从而使得买家受到保护。

(2) 减少新增贷款。当银行面临紧的资本约束时，减少新增贷款被认为是银行常见的行为反应。银行减少新增贷款提高资本比率，但机会成本

---

① 一般而言，理论界和实务界倾向于将二级市场的贷款销售分为两类：直接贷款销售（贷款转让）和贷款证券化。贷款转让是转让一项贷款的权利和义务从而在贷款购买者和借款人之间建立起一个新的借贷关系。如果出售者的所有权利与义务全部出售，那么借款人和贷款出售者之间的借贷关系就终止了。贷款证券化是将银行贷款组成资产池并依托该资产池发行债券的过程（即现金流通过银行贷款资产池来担保）。

② 存贷款比率（Loan - deposit Ratio），也称存贷比、存贷款比例，是指将银行的贷款总额与存款总额进行对比。该比率越高，表明负债对应的贷款资产越多，银行的流动性就越低。为保持银行的流动性，我国央行规定，该比率不得超过75%。

是放弃投资机会的收益。资本充足率要求提高和未预期信贷违约率增加都可能带来紧的资本约束，从而引起银行“信贷紧缩”，即“资本紧缩”条件下的“信贷紧缩”。大量对20世纪80年代末和90年代早期Basel Ⅰ实施期间美国和其他国家银行信贷行为的研究表明，资本充足率要求的提高，确实会引起银行新增信贷的减少，减少程度受原有银行资本比率、宏观经济状况等的影响（伯南克，Bemanke，1991），而且这种“信贷紧缩”表现出了银行信贷风险偏好。汉考克（Hancock）和威尔科克斯（Wilcox）（1997）对美国银行数据的实证研究表明资本充足率要求会导致银行房地产贷款供给的下降。皮克（Peek）和罗森格伦（Rosengren）（1997）对日本房地产贷款的实证研究得出了相同的结论。曹（Choi）（2000）对韩国银行和宏观经济数据的实证研究表明韩国金融危机后实行的资本充足率管制导致了银行贷款供给的下降，从而直接影响了主要依靠银行贷款融资的企业特别是中小企业，对宏观经济造成了负面影响。玛丽亚（Maria）（2002）等人研究了发展中国家的情况，发现在这些实施资本充足率监管的国家同样存在着这一现象。巴塞尔委员会在1999年的一份关于银行监管的报告中称：“某些证据表明，在美国和日本经济衰退时，银行资本充足率监管的压力一定程度上限制了银行这一时期的贷款，并导致了其他经济部门的衰退”。资本充足率要求提高时带来的信贷紧缩会带来宏观经济的紧缩效应，如果经济处于萧条期，则会进一步加剧经济的萧条。

2. 资产风险结构调整

银行的资产组合主要分为两类：非生息资产和生息资产，生息资产包括工商业贷款、房地产贷款、消费信贷等信贷资产和证券资产，信贷资产为银行持有的主要生息资产，美国国内银行的信贷资产约占总资产的60%，银行持有的证券按类型可分为政府债券、公司债券等，按交易性质可划分为交易账户和银行账户①，虽然银行持有资产负债表项目中的证券大部分为银行账户，但交易类账户资产增速很快。

当银行面临紧的资本约束时，银行还可以对存量风险资产进行结构调

---

① 银行的表内外资产可分为银行账户和交易账户资产两大类。巴塞尔委员会2004年的《新资本协议》对其1996年《资本协议市场风险补充规定》中的交易账户定义进行了修改，修改后的定义为：交易账户记录的是银行为交易目的或规避交易账户其他项目的风险而持有的可以自由交易的金融工具和商品头寸。与交易账户相对应，银行的其他业务归入银行账户，最典型的是存贷款业务。

整，增持风险权重较低的资产，减持风险权重较高的资产。1988 年巴塞尔资本协议将银行面临的信用风险（包括国家风险）的风险权重分为五档：0%（现金、OECD 国家政府或货币当局债券等）、10%、20%（部分公共行业债权等）、50%（居民房地产抵押贷款等）、100%（所有私营企业贷款和商业房地产贷款）；表外业务的风险权重也按照交易对于类型分为 4 个层级：0%、20%、50%、100%。由于政府债券的风险权重较贷款资产低，居民房地产抵押贷款的风险权重（50%）也低于商业房地产抵押贷款的风险权重（100%），资本充足率要求提高可能带来商业银行政府债券在总资产中的比重、民用房地产贷款占房地产贷款比重会上升。1988 年巴塞尔资本协议的实施被认为是 20 世纪 90 年代早期美国银行业资产中政府债券比例和民用房地产贷款占房地产贷款比率大幅上升的重要原因。

巴塞尔 II 与既往的资本充足率计算公式不同，以明确的信用风险、市场风险和操作风险取代传统计算公式中笼统的“风险资产”的概念，与旧资本协议相对僵化的风险指数系统不同，新资本协议的方法具有较大的灵活性和风险敏感性，信用风险度量除了以外部评级为基础的标准法外，还根据银行内控机制的完备程度创设了初级法和高级法两种内部评级法，并提供了一套较为可行的公式和数学模型。标准法中新资本协议以权威外部评级机构或银行内部评级对银行整体的评估结果，作为确定银行资产风险权重的重要依据，由于权威评级机构或银行内部的评级是根据银行经营状况而不断变化的，并且对于不同评级的信贷资产最低资本要求的差异标准法下可高达 8 倍，内部评级法的初级法下更可高达 45 倍。可见，在新资本协议的风险敏感性资本要求下，如果银行面临紧资本约束，将更加诱使银行对风险资产的结构进行调整，降低银行的资产风险暴露，以降低银行体系的风险。

而巴塞尔 III 标准法框架对于信用风险的范围有了更大的变化，将在危机中存在重大系统性风险的交易对手信用风险纳入监测范围，实现对交易对手信用风险的度量；并且对资本定义项目进行了完善；对整体的标准法风险指标框架进行了重构。

3. 调整资本水平

银行资本可以分为核心资本和附属资本。银行核心资本的关键组成部分是普通股、优先股、资本公积和留存收益或未分配利润和一般储备。普通股在财务报表中的数额等于在外流通的股票总数与每股的票面平价的乘积。资本公积或超过票面价值的资本，指高于股票票面价值之上的直接计入股权资本的那部分资本；资本公积还受到红利再投资计划、对管理层的激励补偿以及其他与股票相关活动的影响。留存收益是银行唯一的内源资本，代表税后未作为红利分配出去的盈利，一些国家规定净利润的一定比例应计入资本公积。银行附属资本包括次级债（Subordinated debt）、未披露储备、资产重估储备等。在银行的资本组成结构中，留存收益和资本公积是银行资本的最重要组成部分，一些国家次级债也是较重要组成部分。

当银行面临紧的资本约束时，银行还可以通过发行股权资本、次级债、减少股利发放等措施来增加资本水平。大量研究表明，银行面临紧的资本约束时，发行股权资本增加资本水平虽然有利于减少银行调整存量资产的成本，但发行股权资本成本本身较高，银行股权融资成本包括付给投资银行和律师事务所的交易费用、从决定融资到实现融资的时间成本、市场信号负面影响以及持有股权的高成本等。当银行遭受资本损失后准备发行股权资本，将可能向市场传递银行处于财务困境的信号，将引起股价下跌，银行融资成本上升。大量事实表明，只有在银行遭受较大未预期资本损失或资本要求大幅提高时，短期内才会寻求股权融资以缓解资本困境，一般情况银行将首先选择发行次级债等增加附属资本，待资本充足水平稍微缓解后，然后再提高核心资本水平迈克尔（Michael）和帕劳丁（Perraudin），1998）。资本结构监管对核心资本最优比率的长期影响比对附属资本最优比率的长期影响更显著。银行面临紧的资本约束类型不同，则银行选择调整留存收益来提高资本比率的情况也是不同的。如果紧资本完全来自于资本充足率要求的提高，则银行增加留存收益比例是成本最低的一种措施，1992 年开始实行风险资本要求规定被认为是 20 世纪早期美国银行业留存收益激增的一个主要原因（辛吉，Sinky，2002）；如果紧资本完全来自于外部违约率冲击的影响，银行利润受到直接影响，银行增加留存收益的能力非常有限，甚至需要减少留存收益来维持一定的股利发放。

值得注意的是，面对资本压力，银行调整资产负债表的方式是可能随时间而动态变化的，依赖于经济周期和自身财务状态。经济繁荣期银行可能选择发行股权资本或增加保留利润，此时发行股权资本相对容易和保留利润相对较高。经济萧条期，经济需求下降和违约风险增加，银行倾向于减少贷款。银行受到的未预期损失较大时，银行往往会综合采用多种方式增加资本水平。

第二章　挤压攻坚：约束 VS 扩张的正面交锋

资本结构监管的目的是限制银行的过度风险行为。自 1988 年巴塞尔资本协议实施以来，出现了大量讨论资本充足率监管与商业银行行为的文献。研究表明，资本充足率要求的提高和在紧的资本约束条件下资本损失冲击（Capital shock，如 2007 年 8 月以来席卷全球的美国次贷危机）都可能会引起信贷紧缩，而且这种信贷紧缩对不同风险的信贷资产具有不对称效应，其中最受关注的是资本结构监管下大型企业信贷与中小型企业信贷受影响差异。本部分在基山（Kishan）和奥皮尔洛（Opiela）（2000）模型的基础上，分析在扩张和约束夹缝中的银行行为。

（一）冲动基因：信贷扩张的原罪

假设代表性银行有三种资产：贷款资产 L^H 和 L^L，证券资产 S。两种信贷资产的差异在于风险的高低，L^H、L^L 分别代表高风险和低风险贷款。银行信贷资金来源包括非交易性存款 D 和银行资本 Z。所以，银行面临的资产负债表条件为：

公式 4.6：$L^H + L^L + S = D + Z$

假定银行贷款市场有两种类型的贷款，信用风险较高企业贷款 L^H 和信用风险较低企业贷款 L^L。对于每种类型的贷款银行均面临向下倾斜的贷款需求曲线，即：

公式 4.7：$L^L = g_0 - g_1(R_L - \overline{R_L})$

公式 4.8：$L^H = h_0 - h_1(R_H - \overline{R_H})$

其中 R_L 和 R_H，表示银行向低风险和高风险贷款所收取的利息，$\overline{R_L}$ 和 $\overline{R_H}$ 代表银行业市场上低风险和高风险类型贷款的平均利息。若银行制定的贷款利率高于市场平均利率越多，则对该银行提供的贷款需求就越低①。参数 g_0 、h_0 、g_1 和 h_1 均大于零，g_1 和 h_1 值越大则表示银行业市场的竞争性越强②。假定各种资产收益率关系为 $R_H > R_L > R_S$ ，当短期内出清贷款的成本较高或股权融资调整成本较高时，即使三种资产中证券资产的收益率最低，商业银行出于流动性管理的需要也会持有一定的证券资产。与斯泰恩（Stein）（1998）相似，证券资产的谨慎性需求函数为：

公式 4.9：$S = j_0 + j_1(L^L + L^H)$

取 $0 \leq j_1 \leq 1$ ，假设对存款的需求函数为：

公式 4.10：$D = f_0 + f_1(R_D - \overline{R_D})$

其中 $f > 0$，表示银行为存款支付更高的利息，则能吸收到更多的存款。本部分侧重分析银行资产组合调整，假设短期内银行资本成本足够高、资本不能调整（斯泰恩，Stein，1995）。基顿（Keeton）（1959），雅克（Jacques）和尼格罗（Nigro）（1997）的理论和实证研究表明，随着 Basel Ⅱ 的实施，紧资本约束的银行很难从股权市场融资，而选择减少资产总量和资产组合结构调整的方式调整资本比率。银行所面临的资本充足率约束为：

公式 4.11：$Z \geq \gamma_L L^L + \gamma_H L^H + \gamma_S S$

其中 γ_L 、γ_H 、γ_S 分别代表低风险贷款、高风险贷款和证券资产的风险资本要求；其中可假设 $\gamma_L = \gamma_H$ 来反映 BaselⅠ监管体制下的同质风险资本要求，假设 $\gamma_L < \gamma_H$ 来反映 BaselⅡ监管体制下风险敏感性更强的资本要求。

假定风险中银行的目标为利润最大化，则利润函数为：

公式 4.12：$\pi = (R_L - \varphi_L)L^L + (R_H - \varphi_H)L^H + R_S S - R_D D$

其中 φ_L 和 φ_H 表示银行低风险和高风险贷款的损失率；所以银行的最优化行为在（4.6）和（4.11）约束下选择资产 L^H 、L^L 和 S 最大利润，将（4.7）~（1.10）代入整理可得拉格朗日函数为：

公式 4.13：

$$\pi = (R_L - \varphi_L)L^L + (R_H - \varphi_H)L^H + R_S S - R_D D$$

---

① Kishan 和 Opiela（2000）认为在不完全竞争市场结构下，银行面临向下倾斜的需求曲线，也就是说银行通过制定贷款利率来确定为市场提供的贷款数量。

② Peek 和 Rosengren（1995b）指出在完全竞争市场条件下，贷款需求对利率变动的敏感性趋近于无限大，可以证明若假设市场结构是完全竞争的，对我们的结论影响不大。

$$R=\left(\frac{g_0-L^L+g_1\overline{R}_L-g_1\varphi_L}{g_1}\right)L^L+\left(\frac{h_0-L^H+h_1\overline{R}_H-h_1\varphi_H}{h_1}\right)L^H+$$

$$R_s[j_0+j_1(L^L+L^H)]-\left(\frac{D-f_0-f_1\overline{R}_D}{f_1}\right)D+$$

$$\lambda_1\{L^L+L^H+[j_0+j_1(L^L+L^H)]-D-K\}+$$

$$\lambda_2\{\gamma_L L^L+\gamma_H L^H+\gamma_S[j_0+j_1(L^L+L^H)]-K\}$$

如果不考虑资本结构监管，因为 $R_H > R_L > R_S$ ，银行最大化利润的结果将是持有尽可能多的贷款资产；虽然贷款资产风险较证券资产高，但收益也较高。考虑资本结构监管后，因为贷款资产的资本要求高于证券资产，这样，银行将存在最优资产组合。

接下来将首先讨论标准法（暂时用简化的巴塞尔 I）监管体制下资本损失冲击和资本充足率要求提高对商业银行信贷组合行为的影响（包括总量和结构），银行的资本充足水平不同，对两种外部冲击的反应可能也存在差异，所以我们还讨论了资本约束与非约束条件下银行的行为差异。接着我们讨论高级方法（巴塞尔 II 及巴塞尔 III 中的高级方法）监管体制下资本损失冲击和资本充足率要求提高对商业银行信贷组合行为的影响。

（二）绥靖政策：资本约束非紧时的局势

当资本约束非紧时（ $\lambda_2=0$ ），资本充足率要求不会进入银行的利润最大化函数，资本充足率要求的提高对商业银行资产组合不存在影响，但资本损失冲击（比如资本遭受未预期的损失）对商业银行的资产组合存在影响。从（公式 4.13）可求出最优资产负债组合 L^H 、L^L 、S 和 D 是资本 Z 的表达式，然后对 Z 求导整理可得：

公式 4.14：$\dfrac{\partial L^H}{\partial Z}=\dfrac{h_1(1+j_1)}{f_1+g_1(1+j_1)^2+h_1(1+j_1)^2}>0$，且 <1

公式 4.15：$\dfrac{\partial L^L}{\partial Z}=\dfrac{g_1(1+j_1)}{f_1+g_1(1+j_1)^2+h_1(1+j_1)^2}>0$，且 <1

公式 4.16：$\dfrac{\partial S}{\partial Z}=\dfrac{j_1(h_1+g_1)(1+j_1)}{f_1+g_1(1+j_1)^2+h_1(1+j_1)^2}>0$，且 <1

公式 4.17：$\dfrac{\partial D}{\partial Z}=\dfrac{-f_1}{f_1+g_1(1+j_1)^2+h_1(1+j_1)^2}>0$，但 >-1

公式（4.14）~（4.17）反映了资本损失冲击对商业银行资产负债组合的影响。当资本下降时，由于资产的收益率高于存款成本，银行将增加存款吸收。随着融资成本的上升，存款的增加不能完全抵消资本的下降，银行将选择出售部分证券来避免减少信贷资产所带来的高额出清成本，甘（Gan）（2001）从理论上论证了无资本约束时资本损失冲击下商业银行的最优资产组合选择。莫瑟（Moser）（1998）指出现实中银行更可能选择信用衍生品、表外业务活动而不是减少证券来管理信用风险最小化资本损失冲击的影响。

然而当资本损失冲击较大时，出售部分证券仍不能抵消资本损失冲击的影响，银行将不得不出清部分低风险和高风险信贷资产，但银行紧缩低风险和高风险信贷资产的程度不同。此时存在两种情况：

第一种情况，若不考虑资本损失冲击与不同风险资产的因果关系，由于高风险贷款的需求弹性往往小于低风险贷款的需求弹性，即 $h_1 < g_1$，银行会选择更多的紧缩低风险资产。因为高风险资产与低风险资产相比收益相对较高，所以，面临资本损失冲击时，资本较充足的银行可能选择更多的减少低风险资产，银行资产的平均风险可能上升。

第二种情况，若考虑资本损失冲击与不同风险资产的关系，如在经济萧条期高风险资产风险上升可能 $\varphi_H > \varphi_L$，银行是否会选择紧缩更多的低风险资产取决于风险变动与收益率的比较。因为高风险资产与低风险资产相比虽然收益相对较高，但此时风险上升也更大。若高风险资产风险违约风险增加越多，则银行会更多地紧缩高风险资产。所以，能得出如下命题：

【命题 4.1】资本充足率要求提高与资本损失冲击对银行资产组合的影响取决于银行资本充足率水平。若资本充足水平较好，资本充足率要求 γ 的提高对商业银行资产负债组合影响不大；资本损失冲击会引起银行首先增加存款吸收，视资本损失的程度银行会按照风险由低到高的顺序紧缩资产，即首先紧缩收益低的证券资产再紧缩信贷资产，风险变动与收益率决定了不同风险信贷资产紧缩程度差异。

（三）正面战场：资本约束紧时的碰撞

这里我们讨论标准法监管体制下商业银行的资产负债组合效应。标准法监管体制下，所有的企业贷款资本要求均为8%，模型中可反映为 $\gamma_L = \gamma_H = \gamma_{L88}$，用 γ_{L88} 来代表标准法对企业贷款的风险资本要求，用 $\gamma_{S88} = \gamma_S$ 来代表 Basel Ⅰ对证券资产的风险资本要求。根据（公式4.13）式可求解出最优资产负债组合 L^H、L^L、S 和 D 是资本 Z 和风险资本要求 $\gamma_x(x = L88, S88)$ 的表达式。最优资产负债组合 L^H、L^L、S 和 D 分别对资本 Z 和风险资本要求 γ_x 求导，可以得出资本损失冲击和资本充足率要求提高对商业银行资产负债组合影响。

(1) 资本损失冲击的资产负债组合效应

先根据（公式4.13）求出最优资产负债组合 L^H、L^L、S 和 D，然后分别对资本 Z 求导，可得：

公式4.18：$$\frac{\partial L^H}{\partial Z} = \frac{h_1}{(h_1 + g_1)(\gamma_{L88} + j_1\gamma_{S88})} > 0$$

公式4.19：$$\frac{\partial L^L}{\partial Z} = \frac{g_1}{(h_1 + g_1)(\gamma_{L88} + j_1\gamma_{S88})} > 0$$

公式4.20：$$\frac{\partial (L^L + L^H)}{\partial Z} = \frac{1}{\gamma_{L88} + j_1\gamma_{S88}} > 0$$

公式4.21：$$\frac{\partial S}{\partial Z} = \frac{j_1}{\gamma_{L88} + j_1\gamma_{S88}} > 0$$

公式4.22：$$\frac{\partial D}{\partial Z} = \frac{1 - \gamma_{L88} + j_1(1 - \gamma_{S88})}{\gamma_{L88} + j_1\gamma_{S88}} > 0$$

与资本约束非紧情况相比，资本损失冲击对存款负债的影响显著不同，方向相反。资本约束非紧情况下，若受到资本损失冲击，短期内银行可以选择增加存款、减少资产和改变资产组合。但在紧资本约束情况下，增加存款对银行满足资本充足率要求没有帮助，短期内资本不可变动的情况下，银行必须减少资产以缓解资本约束，而且考虑到证券的风险资本要求比较低，减少证券对资本缓解程度有限，银行将不得不减少贷款资产组合的规模。这里值得考虑的问题就是此时的银行紧缩在低风险和高风险贷款资产间是如何分布的。因为在标准法监管体制下，低风险和高风险资产面临相同的风险资本要求，但低风险资产的收益相对较低，银行最优行为将选择更多地减少低风险资产，银行资产的平均风险可能上升。从紧缩幅度上看，相比于资本约束非紧时，紧资本约束下的银行信贷资产的紧缩程度更高（可以假设 $\gamma_{S88} = 0$ 简化推导，证明从略）。所以，能得出如下命题：

【命题 4.2】当银行资本水平不足时，资本损失冲击将会引起银行按照风险权重由高到低的顺序紧缩资产，即先紧缩信贷资产，再紧缩证券资产；对不同风险但风险权重相同的信贷资产银行倾向于选择先紧缩低风险资产然后紧缩高风险资产。相比较于银行资本充足情况，信贷紧缩情况更明显。

（2）资本充足率要求提高的资产负债组合效应

风险资本要求包括 γ_{L88} 和 γ_{S88} ，为了简化计算，这里假设债券资产主要为国债资产，γ_{S88} 等于 0 或者不变，那么提高资本充足率要求主要就是提高 γ_{L88} 的要求。先根据（公式 4.13）求出最优资产负债组合 L^H 、L^L 、S 和 D ，然后分别对风险资本要求 γ_{L88} 求导，可得：

公式 4.23：$\frac{\partial L^H}{\partial \gamma_{L88}} = -\frac{k}{\gamma_{L88}^2}\left(\frac{h_1 + g_1}{h_1}\right) < 0$

公式 4.24：$\frac{\partial L^L}{\partial \gamma_{L88}} = -\frac{k}{\gamma_{L88}^2}\left(\frac{h_1 + g_1}{h_1}\right) < 0$

公式 4.25：$\frac{\partial (L^H + L^L)}{\partial \gamma_{L88}} = -\frac{k}{\gamma_{L88}^2} < 0$

公式 4.26：$\frac{\partial S}{\partial \gamma_{L88}} = -\frac{kR_S j_1}{\gamma_{L88}^2} < 0$

公式 4.27：$\frac{\partial D}{\partial \gamma_{L88}} = -\frac{k(1 + j_1)}{\gamma_{L88}^2} < 0$

可见，资本充足率要求提高（比如新的 Basel 资本协议的实施）的影响与资本损失冲击基本相似。资本充足率要求提高后，增加存款对银行满足资本充足率要求没有帮助，短期内资本不可变动的情况下，银行必须减少资产以缓解资本约束，而且考虑到证券的风险资本要求比较低，减少证券对资本缓解程度有限，银行还将不得不减少贷款资产组合的规模。但由于低风险信贷的收益相对较低，面临的风险资本要求却与高风险信贷资产相同，所以银行会选择更大幅度减少低风险信贷资产。所以，能得出如下命题：

【命题 4.3】当银行资本水平不足时，资本充足率要求提高与资本损失冲击对银行资产组合影响相似，都会引起银行按照风险权重由高到低的顺序紧缩资产，即先紧缩信贷资产，再紧缩证券资产；对不同风险但风险权重相同的信贷资产银行倾向于选择先紧缩低风险资产然后紧缩高风险资产。

（四）高级方法：敏感性更强的后果

高级方法监管体制提供了风险敏感性更强的资本要求，即高风险资产高风险资本要求，低风险资产低风险资本要求，$\gamma_L < \gamma_H$。根据（公式4.13）式可以求解出紧资本约束下最优资产负债组合 L^H、L^L、S 和 D 是资本 Z 和风险资本要求 $\gamma_x(x = H,L,S)$ 的表达式，最优资产负债组合 L^H、L^L、S 和 D 分别对资本 Z 和风险资本要求 γ_x 求导，可以得出高级方法监管体制下资本损失冲击和资本充足率要求提高对商业银行资产负债组合影响。

1. 资本损失冲击的资产负债组合效应

先根据（公式4.13）求出最优资产负债组合 L^H、L^L、S 和 D，然后分别对资本 Z 求导，可得：

公式4.28：

$$\frac{\partial L^H}{\partial Z} = \frac{f_1h_1(\gamma_H + j_1\gamma_S) + g_1h_1(1 + j_1)(\gamma_H - \gamma_L)[1 - \gamma_L + j_1(1 - \gamma_S)]}{f_1g_1(\gamma_L + j_1\gamma_S)^2 + f_1h_1(\gamma_H + j_1\gamma_S)^2 + g_1h_1(1 + j_1)^2(\gamma_H - \gamma_L)^2} > 0$$

公式4.29：

$$\frac{\partial L^L}{\partial Z} = \frac{f_1g_1(\gamma_L + j_1\gamma_S) + g_1h_1(1 + j_1)(\gamma_H - \gamma_L)[\gamma_H - 1 + j_1(\gamma_S - 1)]}{f_1g_1(\gamma_L + j_1\gamma_S)^2 + f_1h_1(\gamma_H + j_1\gamma_S)^2 + g_1h_1(1 + j_1)^2(\gamma_H - \gamma_L)^2} > 0$$

公式4.30：

$$\frac{\partial (L^H + L^L)}{\partial Z} = \frac{f_1g_1(\gamma_L + j_1\gamma_S) + f_1h_1(\gamma_H + j_1\gamma_S) + g_1h_1(1 + j_1)(\gamma_H - \gamma_L)^2}{f_1g_1(\gamma_L + j_1\gamma_S)^2 + f_1h_1(\gamma_H + j_1\gamma_S)^2 + g_1h_1(1 + j_1)^2(\gamma_H - \gamma_L)^2} > 0$$

公式4.31：

$$\frac{\partial S}{\partial Z} =$$

$$\frac{j_1[f_1g_1(\gamma_L+j_1\gamma_S)+f_1h_1(\gamma_H+j_1\gamma_S)+g_1h_1(1+j_1)(\gamma_H-\gamma_L)^2]}{f_1g_1(\gamma_L+j_1\gamma_S)^2+f_1h_1(\gamma_H+j_1\gamma_S)^2+g_1h_1(1+j_1)^2(\gamma_H-\gamma_L)^2}>0$$

公式 4. 32：

$$\frac{\partial D}{\partial Z}=$$

$$\frac{f_1g_1(\gamma_L+j_1\gamma_S)[1-\gamma_L+j_1(1-\gamma_S)]+f_1h_1(\gamma_H+j_1\gamma_S)[1-\gamma_H+j_1(1-\gamma_S)]}{f_1g_1(\gamma_L+j_1\gamma_S)^2+f_1h_1(\gamma_H+j_1\gamma_S)^2+g_1h_1(1+j_1)^2(\gamma_H-\gamma_L)^2}$$

$$>0$$

与标准法监管体制相比，高级方法监管体制下资本损失冲击对低风险资产的影响明显不同。在高级方法监管体制下，持有高风险贷款资产的风险资本成本也较高。短期紧资本约束下，短期内资本不可变动的情况下，银行必须减少资产以缓解资本约束，尤其是减少贷款资产组合的规模。那么银行减少的信贷在低风险和高风险贷款资产间是如何分布的呢？在标准法监管体制下银行低风险和高风险资产都可能减少，由于两种类型信贷资产的资本结构监管成本相同，低风险资产收益较低，所以低风险资产减少更多。但在高级方法监管体制下，低风险资产虽然资本收益较低，但其资本结构监管成本也较低，最优银行信贷资产组合需要在利息收益和监管成本差异之间权衡。资本损失冲击是否会引起低风险资产的减少取决于 $f_1g_1(\gamma_L+j_1\gamma_S)+g_1h_1(1+j_1)(\gamma_H-\gamma_L)[\gamma_H-1+j_1(\gamma_S-1)]$ 是否大于 0，即低风险资产可能减少，也可能不变，甚至可能增加（当符号为负时）。所以能得出如下命题：

【命题 4. 4】高级方法监管体制下，当银行资本水平不足时，资本损失冲击将会引起银行首先减少高风险信贷资产，低风险信贷资产可能增加也可能减少，取决于利息收益与监管成本之间的权衡；同标准法相比，银行资产风险降低。

2. 资本充足率要求提高的资产负债组合效应

同标准法体制下的分析，可以得出资本充足率要求提高的影响与资本损失冲击相似的结论。根据前文的分析，资本损失冲击降低了实际资本比率，资本充足率要求提高了最优资本比率，两者的影响结果都是加大了实际资本比率与目标资本比率之间的差距，银行将主动采取措施调整资本比率，在短期内资本难以调整的情况下，银行将对资产规模和结构进行调整。

【命题4.5】标准法监管体制下，当银行资本水平不足时，资本充足率要求提高与资本损失冲击对银行资产组合影响相似。

前面分析了资本充足率约束是否降低了银行的过度风险行为，结论发现银行资本充足率约束确实限制了银行信贷的扩张速度，在实施初期很可能会引起银行的信贷紧缩反应；但资本充足率的约束并不必然带来银行资产平均质量的提高，在1988年巴塞尔资本协议下银行有可能偏好高风险的信贷资产。如何能有效降低银行风险行为？根据前面的分析，采用风险更加敏感的资本要求（如Basel Ⅱ、III资本协议）是有效的办法，另外，采用可置信的监管惩罚安排与快速纠正方案，加强银行业的市场约束等也能实现对银行过度风险行为的控制和辅助监督作用。

第三章　潜伏者：金融炼金术 3.0 版本证券化

大量证据表明，资本结构监管实施初期大多数银行会选择减少股利分配、紧缩信贷等资产负债表调整方式提高吸收未损失的能力，降低了银行系统的风险（当然，对经济增长可能存在紧缩作用）；但在资本结构监管实施后，商业银行可能采取某种非传统资产负债调整的措施来“虚增”（Cosmetic adjustments）其按照监管要求计算的资本比率，所谓“虚增”的含义是按照监管要求计算的资本比率提高了，但是真实风险却没有减少。这种措施也包括两种途径，一是人为提高监管资本水平，被称为虚假资本调整，如低估坏账损失拨备（Under provisioning for loan loss reserve）等，二是利用资本协议中风险权重的缺陷降低加权风险资产，但并没有任何真实风险的降低，被称为监管资本套利（Regulatory capital arbitrage）。1988年巴塞尔资本协议中过于笼统和宽泛的监管风险档为银行的监管资本套利创造了空间，也成为新巴塞尔协议出台的重要推动力（路特斯吉娜，Loutskina，2006）。

20世纪90年代中期以来的资产证券化和金融创新为银行提供了大量的监管资本套利机会。大量的证据表明，自20世纪90年代中期以来，监管资本套利活动正迅速扩大，尤其在一些发达国家的大型银行，而发展中国家由于资本市场不发达，资产证券化受到较多的政策和市场限制，通过资产证券化实现的监管资本套利有限。考虑到监管资本套利可能存在的负面影响，包括可能掩盖银行日益恶化的财务状况、损害银行业竞争等，而且随着发展中国家金融市场的快速发展，越来越多的银行从事资产证券化活动，在未实施风险敏感的新资本协议前，发展中国家也需要关注商业银行的监管资本套利活动，并对其风险进行评估和采取一定限制措施。

（一）诱惑：监管资本套利的动因分析

银行是否从事监管资本套利活动，以及在何等规模上从事该活动，从根本上讲，这些决策将会给予成本一收益分析的考虑，取决于监管资本套利活动所引发的边际收益同边际成本的对比，即比较监管资本套利带来的银行融资成本降低这一收益是否足以弥补从事监管资本套利所引致的构建成本（Structuring cost）。

1. 监管税与监管资本套利

巴塞尔资本协议中过于笼统和宽泛的监管风险档为银行的监管资本套利创造了空间，即忽视了监管档内部资产风险异质性，对同属一个监管档的低风险交易和高风险交易要求同样的监管资本，这实际上可能激励银行从事高风险的交易。此外，巴塞尔委员会提出的市场风险修正协议被认为也造成了资本套利活动。在该协议下，某些工具如果被记录在交易账户，其监管资本要求可能比记录在银行业务账户要低得多。因此，一家银行可以简单地通过该交易账户的建立和持有信用风险仓位来减少监管资本要求。例如，银行对一家一流公司的三个月期贷款需要8%的资本，而如果它在交易账户持有该公司的三个月期商业票据的话，则资本要求可能低了很多，根据巴塞尔协议中有关市场风险的标准方法来计算特定风险，只需0.25%的资本。

2. 监管资本套利

商业银行从事监管资本套利的构建成本包括外部成本和内部成本：外部成本包括付给第三方如承销方、律师以及评级机构的费用，以及与表内资金来源（如存款）相比，银行利用表外资金来源（如资产支持证券，Asset - backed securities，简称 ABS）可能带来的净利息成本提高；内部成本包括升级内部资产管理系统等。构建成本与规模经济、涉及资产的风险高低、法律上的复杂性与不确定性、投资者的兴趣等有关。

（二）巧妙的伪装：如何甄别潜伏者？

除资产证券化外，监管资本套利活动还包括其他形式的降低加权风险资产但并没有降低任何真实风险的行为，但大量证据表明，自20世纪90年代中期以来，资产证券化已成为欧美国家的银行进行监管资本套利活动的主要工具。根据Basel（1999）的总结，监管资本套利主要包括四种主要类型：

1. “摘樱桃”（Cherry picking）

这是最早的监管资本套利形式。所谓摘樱桃行为是指银行有所选择地进行同一监管资本要求档内不同风险资产间重新配置，银行可能有激励持有更高风险的资产，享受高风险带来的高收益。

2. “假结婚”证券化

对许多银行而言，资产证券化是比传统的摘樱桃行为更加有效的监管资本套利方式。自20世纪90年代中期以来，资产证券化已成为欧美国家的银行进行监管资本套利活动的重要技术手段。通常的资产证券化操作方式为，银行将贷款资产出售给特殊目的载体（Special purpose vehicle，简称SPV），而这些机构为了筹措可用来购买这些资产的资金，将面向市场上的私人投资者发行资产支持证券。

由于上述特别目的机构通常作为独立的法人实体存在，其报表不属于资产证券化发起银行（Sponsoring bank）在进行财务报表和监管报告的合并工作时的合并报表范畴，基于会计或监管目的，银行可能将被证券化的资产作为“真实出售”来进行相应处理，即使实际上银行还持有已证券化资产的大部分信用风险。为了实际反映银行面临的风险，协议要求带有追索权（Recourse）的证券化资产具有100%的监管资本要求。实际证券化交易中，银行证券化出售的资产往往带有一定的追索权，信用评级机构对资产支持证券的评级随着基础资产质量的提高而提高，随着附带的追索权的提高而提高，这样就为监管资本套利提供了空间，即在一定的信用评级要求下，只要证券化资产的质量足够高，投资者要求的附带追索权在数量上低于被证券化资产总额的8%，则银行卖出该资产将能降低监管资本要求。

所以采用部分追索权的资产证券化只是更为复杂化的摘樱桃行为，即运用更为复杂的结构金融模式实现了对资产的有选择性调整，在这种结构性调整过程中，银行将选择将高质量的资产予以出售，而自身保留较低质量的资产。无论在美国还是在其他G10国家，这种形式的监管资本套利手段在银行业得到了广泛的应用。对于将大量资产进行证券化处理的银行而言，一个潜在的问题是，证券化后的风险资本比率有可能掩盖银行真实的风险状况和抵御风险的财务能力。

【专题 23："假结婚"不是买房者的专利，银行资本家的把戏】

鲍富莱蒙王妃离婚案

——利用转移监管主体来达到监管逃离的目的这一模式

该案的原告鲍富莱蒙为法国王子，其妃子原为比利时人，因与鲍结婚而取得了法国的国籍。婚后，鲍妃又同罗马尼亚比贝斯柯王子相恋，要与鲍离婚。但当时法国法律只允许分居不允许离婚，而当时德国的法律却允许离婚。为了达到离婚的目的，鲍妃移居德国并获得了德国公民的身份，随后，鲍妃在德国法院提出与鲍离婚的诉讼并获得离婚判决。鲍妃在离婚后与比贝斯柯王子结了婚，并以德国公民的身份回到了法国。鲍向法国法院起诉，要求宣告王子妃加入德国籍及离婚、再婚行为均无效。法国法院受理了这一案件。按照当时法国的冲突法规定，婚姻能力适用当事人的本国法，由于鲍妃已归划为德国公民，其本国法为德国法。按德国法，鲍妃的离婚是有效的，但法国最高法院最终还是判决鲍妃在德国的离婚和再婚均属无效。至于其加入德国籍问题，法国法院无权审理。

证券化的"假结婚"

例如，考虑下面的具体情况，从风险控制角度审慎的银行，通过其自身的风险分析，认为整体风险组合目前持有组合比例相应的经济资本配置要求是 20%；而按照外部监管资本要求，银行持有 8% 资本已经满足最低资本充足率监管标准，如果银行目前持有 15% 的实际资本比例的话，从监管资本上合规；但从实际看，破产边缘……

结婚吧！出嫁！

银行通过证券化，将这部分资产向特殊机构"嫁出去"，这样在表内仍然是普通的风险资产，风险实质没有转移，但关键是"障眼法"——大家根本看不到！

这也是金融"炼金术"的 3.0 版本，明修栈道、暗度陈仓。

自 1988 巴塞尔协议实施以来，许多国家的银行纷纷采用资产证券化技术对资产负债表进行重组。由于在银行资产证券化，资产证券化的选择性问题上，相对残余风险的实际水平，资产和负债，银行的监管资本比率被人为地夸大了，但在某些情况下，银行资产证券化的动机是出于这样的考虑。

资料来源：中华人民共和国最高人民法院《人民法院报》，2002年3月21日。

3. 间接信用增级（Indirect credit enhancement）

银行可能提供一些信用增级承诺或服务，但这种承诺或服务不属于在1988年巴塞尔资本协议下需要监管资本要求的某种金融工具，如证券化资产提前偿还条款（Early amortisation and fast - payout provision）等，从而避免了监管资本要求。巴塞尔新资本协议对此进行了改进，规定只要银行实质上提供了信用增级，则应对其相关风险暴露施加监管资本要求。

（三）刀锋上的舞蹈：资产证券化行为

即使在发达国家，商业银行的财务报表和监管报告都没有披露足够反映银行所从事资产证券化活动的信息（琼斯，Jones，2000）。所以，商业银行所从事的资产证券化活动以及这种活动所包含的风险很难得到准确评估。随着信用衍生品市场的发展，在1988年资本结构监管要求下评估银行所面临的真实风险日益困难。

需要从两方面来看待银行的资产证券化行为。处于监管资本套利目的的资产证券化活动可能会带来一些监管不利影响，包括：商业银行通过资产证券化将高质量的资产出售，降低了账面资产的平均质量，有损于资本结构监管的目标；可能掩盖银行的财务恶化状况；损害了银行间的竞争，因为不同类型、规模的银行可能进入资本市场的机会是不同的。但首先这种影响是有限的，监管资本套利主要根源于监管资本要求与银行经济资本要求的差距，只要这种差距缩小（如采用对风险更敏感的风险资产权重或者内部评级法），就能减少银行这种监管套利活动。其次，监管资本套利并不是银行从事资产证券化的唯一目的，虽然有观点认为监管资本套利是推动资产证券化市场迅速发展的两大推动力之一，但是从目前看，资产证券化的主要目的已经不是资本结构监管套利。资产证券化能带来更高的效率，如增加规模经济、减少债务融资成本、资金来源多样化，同时通过资本市场可将与信贷风险相关的所有权和/或风险转移给第三方，证券化也有助于实施风险的多样化，提高金融稳定性。

1. 监管资本套利与剩余风险问题

内部要求的经济资本同外部的监管资本要求之间的不一致还会造成另外一种类型的问题，即名义上高的监管资本比率被用来掩盖了银行实际上的破产概率。如果银行从自身内部审慎风险控制要求出发，根据对风险的估计，对于某项资产配置的内部经济资本要求远高于早先版本的 Basel 监管资本要求，则银行有激励将这些资产留在账户上，并能导致呈报的监管资本比率得以虚增和粉饰；反之，如果采用附带追索权的证券化等方式将该类资产移出资产负债表，则银行将会面临更高的和内在经济风险相一致的监管资本要求。

2. 监管资本套利与监管“减压阀”效应

尽管商业银行的监管资本套利活动可能一定程度上降低了有效监管资本要求，但本质上而言，上述的监管资本套利活动也具有一定的积极意义。监管资本套利活动能够充当起安全阀的作用，减缓由于外部设置过高的监管资本要求所造成的负面影响。

如前所述，依据特定的资产业务活动所涉及的内在的经济风险，审慎的银行内部风险控制将确定相应的经济资本要求，这应当是衡量外部监管资本要求的水平设置是否适当的基准。实践中，由于监管者信息的缺乏，1988 年巴塞尔协议框架所体现的按资产类型划分监管风险档的做法，将导致对某些银行业务活动而言，外部监管资本要求相对于该活动的经济风险进而所必需的经济资本设置过高。此时，如果缺乏监管资本套利的手段，银行面临的理性选择必然是退出该类业务，尽管这些业务是相对低风险、较安全的业务，但是由于外部不合理的过高的监管资本要求，银行如果持有该类资产，必然要增持超过经济资本的多余资本，从而使得银行无法获得可接受的资本收益率，退出该类资产业务成为了必然选择。

（四）潜伏的代价：惩罚锄奸

在 1988 年巴塞尔协议框架下，按平均风险质量定价的“一刀切”（One size fits all）的监管资本要求，同银行内部的经济资本分配存在显著差异，引起了商业银行资产证券化作为主要工具的监管资本套利活动，有可能削弱了监管目标和造成监管扭曲。为减少银行监管资本套利行为，高级方法资本协议一方面采用多种方法增加了资本要求的风险敏感性，降低了银行的监管资本套利空间，另一方面对证券化的处理方法做出了明确规定①。

第一，巴塞尔委员会认为，从其自身特点看，证券化的作用在于银行将与信贷风险相关的所有权和/或风险转移给了第三方。从这一角度看，证券化有助于实施风险的多样化，提高金融稳定性。从委员会对证券化的观点可以看出，高级方法资本协议不是要限制银行的资产证券化行为（相反，持一种鼓励的态度），而是限制证券化过程中的监管资本套利行为。

第二，在高级方法资本协议要求下，同标准法其他方面对信用风险的处理方法一样，银行必须按照一系列要求对证券化风险暴露采用监管当局规定的风险权重。需要指出的是，相对公司贷款而言，低质量和未评级的证券化资产的处理方法有所不同。在证券化中，这类头寸在一定程度上通常要弥补对应资产池中所有的损失。因此，委员会认为，风险的高度集中要求更高的资本要求。对于采用标准法的银行，未评级部分的证券化头寸必须从资本中扣除。

第三，为了确保商业票据市场的正常运行以及该市场对公司银行业务的重要性，高级方法资本协议的证券化框架对银行提供的流动性便利做了明确的规定。在 IRB 框架下，对流动性便利的资本要求取决于一系列因素，其中包括对应资产池的资产质量以及在启动流动性便利前增信工具弥补损失的能力。每项内容，如流动性便利，对计算发起行计算未评级证券化头寸的监管公式都十分重要。标准法对流动性便利的处理也做了明确规定，以确保仅对风险低的流动性便利提供更加优惠的处理方法。

第四，许多循环零售风险暴露的证券化都包括一些条款，条款规定如果证券化资产的质量下降，证券化发起银行必须收回。巴塞尔委员会对具有“提前还款”特征的证券化作了具体规定，这是因为这类机制可部分有效地避免投资者全额承担对应资产的损失。如果资产质量高，这部分证券化风险暴露的资本要求是零。如果资产质量下滑，银行必须增加资本。

① 1988 年巴塞尔资本协议对证券化并无明确规定（Basel I，2004）。

第四章　革命成功后的困惱：信贷紧缩效应

“巴氏三兄弟”一起上阵，杠杆炼金术似乎真的再难以重现昨日辉煌！同时，一个隐忧却同时产生：少了炼金魔法，信贷会不会退潮！真的退潮之后怎么办……基于以往学者们的基础，我们收集了美国和一些发展中国家的数据经验，展望一下革命成功后的景象

（一）美国杠杆革命的教训：信贷是怎样炼没的？

1980 年代后期，美国银行监管当局开始要求商业银行执行 8% 的最低资本充足率要求，并针对资本的计算提出和实施了更严格的会计标准。由于资本结构监管的原因，美国商业银行体系的资本充足率从 1988 年 6.8% 的水平提高到 1993 年 12.1% 的水平，并在随后大致稳定在 11% ~ 12% 之间的水平。根据前文的分析，商业银行将资本充足率维持在远高于 8% 的监管目标水平之上是可以理解的：一是 8% 的要求本来就是商业银行必须达到的最低水平；二是较高的资本充足率可以确保银行在遭受较大负面冲击和资本损失的极端情况下仍然能够满足监管要求；三是较高的资本充足率有助于维持客户对银行的信任，从而保持银行的竞争力。在 1988 ~ 1993 年的 5 年时间中，为了提高资本充足率水平，美国商业银行被迫调整自身的资产负债表，看起来这可以通过三种方式来进行：一是寻求外部融资以补充资本；二是收缩负债和资产规模；三是降低风险资产的比重，增加低风险资产的配置。

根据前文的分析，通过外部融资来满足资本充足率要求（尤其是核心资本充足率）可能存在几个方面的困难，一是资本缺口的规模与资本的结构，缺口越大则越不容易实施，资本组成中普通股和优先股占比越低则越

难以满足需要；在1988—2015年期间普通股和优先股之和占美国商业银行的总资本比率约15%，而且该比率呈逐年下降趋势。[①] 二是经济周期状况和资本市场的条件，经济下降和低迷时期外部融资的成本可能会比较高。在1988—2015年，美国商业银行的股权融资（普通股和优先股）几乎没有什么变动，核心资本充足率的增长几乎完全来源于盈余（Surplus）和未分配利润（Undivided profits）的增长，另外，次级债的大幅增长使其占总资本的比重由8.57%上升到12.59%，提高了资本充足率水平（Tier 1 + Tier 2），见下图。所以，从美国经验可以看出，指望所有的银行都通过外部融资来满足资本充足率尤其是核心资本充足率的要求似乎是不现实的。那么是否存在银行体系资产结构调整的明显证据呢？

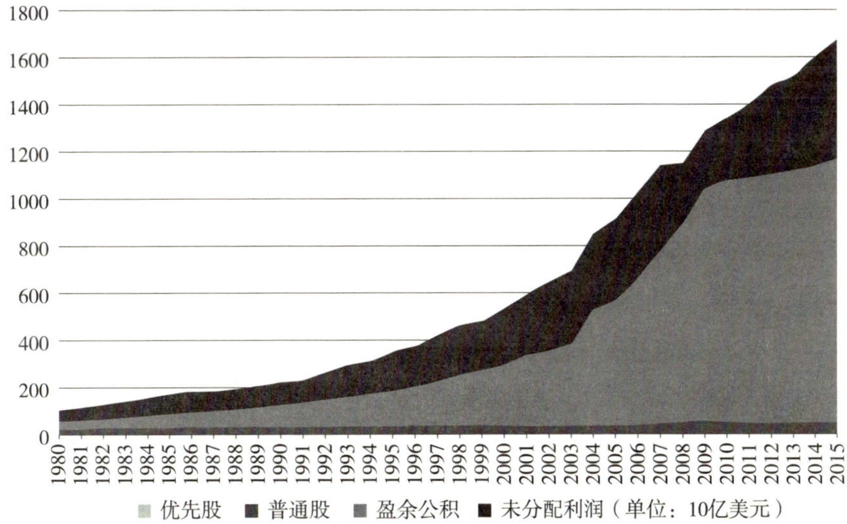

图6　美国商业银行资本结构的历史变化（单位：10亿美元）

数据来源：FDIC：Federal Deposit Insurance Corporation，www.fdic.gov。

美国商业银行持有的政府债券在总资产的比重在1988年为12%左右，在1993年该比例上升到20%左右。众所周知，政府债券的风险权重为0，因此政府债券持有比重的上升无疑降低了对风险资本的要求。值得注意的是，政府债券持有比重可能因为周期原因出现调整，但从

① 据FDIC数据统计，普通股和优先股之和占总资本的比率由1966年的29.76%下降到2015年的3.78%。

1980—2015 年期间的实际情况看，尽管 1980 年代和 1990 年代美国经济均经历过明显的周期波动，政府债券的占比在此期间也有明显调整，但 1988—1993 年期间政府债券占比的上升仍然非常显著和突出，由 17% 上升到 22. 5%，幅度远远高于其他时期的调整，暗示这段时期政府债券占比的调整无法用正常的周期因素来全部解释。实际上如果检查商业银行持有的贷款占总资产的比重，能够看到在 1988—1993 年期间该占比经历了明显的下降，由 60. 75% 下降到 56. 40%，这同政府债券占总资产比重暗示的机理是一样的。

根据巴塞尔协议的要求，商业地产贷款相对住宅地产贷款具有更高的风险权重，这暗示商业银行在资本压力下应该相对减少商业地产贷款的比重，那么实际情况如何呢？民用地产贷款占总地产贷款的比例由 1988 年的 48% 迅速上升到 1993 的 63%；1988 年的时候商业地产对民用地产贷款比为 95%，1993 年时该比值下降到 0. 67%，见下图 7。这些变化显示出商业地产贷款在商业银行的地产贷款中的地位在显著下降，产生这种变化的原因尽管很复杂，但资本充足率约束在其中发挥了明显作用。

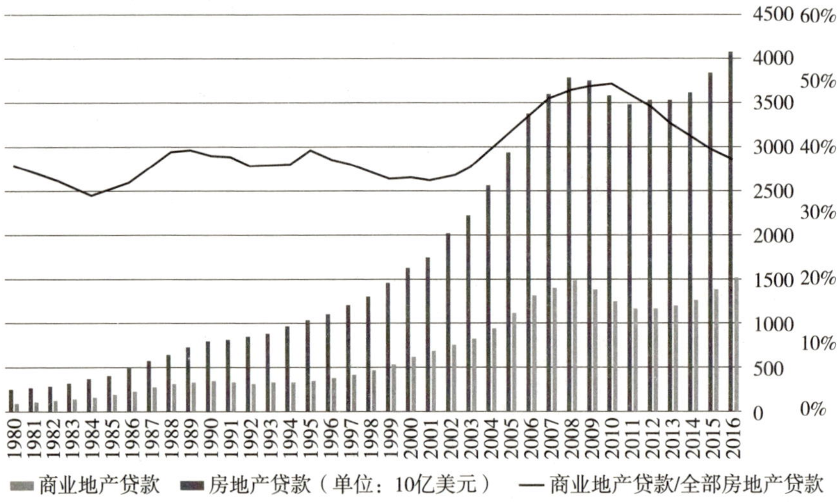

图 7　美国商业地产对民用地产贷款比的历史变动

数据来源：FDIC：Federal Deposit Insurance Corporation，www. fdic. gov。

那么在商业银行调整资产负债表，减少贷款供给的条件下，实体经济部门的融资条件势必受到影响，结果公司和住户部门被迫寻找替代的融资渠道，例如通过股票市场、债券市场和商业信用来融资。看起来相当清楚的是：替代融资渠道越便捷越发达，实体经济部门受到的影响就越小；实体经济部门的某些部分——例如大量中小企业看起来很难进入资本市场，这使得它们在信贷挤压为了提高资本充足率，美国商业银行的资产结构经历明显调整，政府债券持有比重大幅上升的条件下承受的打击分外严重。无论如何，在信贷挤压的条件下实体经济部门寻找替代的融资渠道必然带来更高的成本。美国在 1989—1992 年期间经历了明显的经济衰退。尽管很难认为信贷挤压造成了这次经济衰退，但多数学者认为信贷挤压的存在至少延长或加剧了这次经济衰退。

（二）星星之火：发展中国家的经验

20 世纪中后期，许多发展中开始实施 1988 年的巴塞尔资本协议，标志着巴塞尔资本协议的风险资本思想由最初为 G10 国家国际活跃银行的规则逐渐演化为发展中国家和发达国家银行业整体的规则。同 G10 国家的情形相比，由于制度环境、微观机构的风险管理能力等因素的差异，在发展中国家实施资本结构监管，其效应具有一定的特殊性。具体表现在：

1. 在资本结构监管实施后，发展中国家银行的资产组合调整手段将会更加依赖于新贷款的紧缩。从前文的分析可知，如果银行无法获取额外的资本，或者获取额外资本面临着过高的资本成本，则此类银行必然面临着调整资产组合的巨大压力，要将大量的贷款从组合调整出去，降低对监管资本的需求，银行在收回原有贷款本息的同时将会倾向于紧缩新贷款的发放。

第一，资本市场容量小的问题在发展中国家特别突出，银行难于从资本市场以低成本筹集到所需的足额资本。第二，除了资本市场的规模小之外，对于发展中国家而言，普遍实施的严格的政策管制也会影响到银行从资本市场筹集资金的能力，进入资本市场筹资的准入壁垒很高，使得资本市场筹资对于很多银行不可行。以我国为例，国内银行通过资本市场进行资本的调整，将面临着严格的政策限制问题；与发达国家的情况相对比，发达国家证券监管当局通常对资本市场融资采取注册制，只要符合条件，就能在较短的时间内实现 IPO 和再融资，较高的资本补充效率使得商业银行的业务发展能够得到强有力的资本支持；相对而言，我国对于资本市场融资实施较多的管制，例如，对股票融资采取核准制，对债券融资采取审批制：两次融资的时间间隔需要经过一个完整的会计年度；无论上市公司提出增发、配股还是发可转债的决议，均需要50%以上的流通股股东同意等等。这就大大延长了资本市场的融资周期，降低了资本补充效率。一般而言，国内资本市场融资，从提出融资需求到最后融资成功，IPO要2~3年，而再融资也要1~2年，而美国的再融资补充资本只需要3~6个月的时间。发展中国家资本调整的滞后性更为突出，资本市场的容量小、资本市场的筹资活动受到更多的管制，从而对于资产调整的依赖性更强。第三，发展中国家的银行长期受到体制和制度因素的制约，盈利能力较弱，无法主要依赖内部盈利来补充资本，从而使资本的调整存在较大的障碍。第四，发展中国家资本市场不发达，对资产证券化也存在很多政策限制，银行通过资本市场转移信贷风险的能力有限，银行不能通过资产证券化出售调整现有的贷款资产。

正是由于以上原因，发展中国家的银行将更加依赖于资产组合自身的调整，要将大量的贷款从组合调整出去，这意味着在清收已有贷款本息、降低贷款存量规模的同时，新贷款的发放将受到更为严格的限制，从而导致新贷款的紧缩问题。

2. 发展中国家银行实施资本结构监管前由于缺乏稳健经营的理念而普遍资本不足，会呈现出更为强烈的贷款紧缩迹象。在实施资本结构监管前，发展中国家普遍存在国家信用担保（甚至不少国家、银行自身风险管理意识和技术较弱、缺乏市场约束、监管压力不足等，这样就造成了银行业普遍资本不足，一旦实施严格的资本结构监管将需要大幅提高银行现有资本比率，造成更加强烈的贷款紧缩①。并且，这种信贷紧缩现象具有如下国别特征：国内银行资本不足情况越严重，则信贷紧缩程度越大；国有银行所占比例越高，则紧缩程度越大；若经济处危机期的国家，则信贷紧缩程度更大，见下表。

---

① 从G10国家的资本比率历史变动我们可以得知，较多发达国家银行在资本监管前其资本比率已经保持在最低要求之上，这样资本结构监管带来的信贷紧缩效应相对发展中国家而言将相对更低。

表5　部分发展中国家银行业的资本不足状况与资产紧缩情况表

国家	t 年（监管实施年）银行数量	t-1 年资本不足银行占比（%）	t 到 t+2 年资产紧缩银行比例（%）
阿根廷	63	46.03	65.08
巴西	133	49.62	67.67
匈牙利	23	34.78	56.52
韩国	27	29.63	51.85
马来西亚	62	43.55	87.10
墨西哥	19	36.84	52.63
巴拉圭	19	57.89	57.89
泰国	20	30.00	75.00
土耳其	44	52.27	65.91
委内瑞拉	16	62.50	93.75
智利	32	50.00	46.88
哥斯达黎加	15	40.00	40.00
印度	71	49.30	28.17
波兰	17	64.71	64.71
斯洛文尼亚	11	36.36	18.18

资料来源：Chiuri，Ferri 和 Majnoni（2001）。

从发展中国家的数据来看，实施资本结构监管前发展中国家银行业资本不足银行比重很高，尤其是国有银行占比重较大的国家，如波兰资本不足银行比率高达 64.71%，委内瑞拉资本不足银行比率高达 62.5%。在资本比率不足的银行比例越高的国家，其资产紧缩比例也越高，如阿根廷和巴西高达 65.08% 和 67.67%。发生金融危机的 10 个国家与未发生金融危机的智利、哥斯达黎加、印度、波兰和斯洛文尼亚等相比，银行发生信贷紧缩的比例明显偏高。在绝大多数的情形下，在资本结构监管实施后的两年内，这些发展中国家的银行业的贷款规模或贷款的增长率均有所缩减。

3. 信贷紧缩对实体经济而言是“双刃剑”。有利之处在于减少了不良贷款，不利之处在于导致了总体信贷规模的下降和某些实体经济部门的收缩。与发达国家的情况相比较，银行紧缩新贷款的行为对于发展中国家的经济将会产生更大影响，原因在于，银行体系在发展中国家经济中占有更为重要的地位，是企业的主要外部融资渠道。因此，在银行紧缩信贷时，企业缺乏替代性的融资渠道，从而贷款的紧缩将可能会影响到经济的增长。例如，在东亚金融危机发生后，各发展中国家实施的严格的资本结构监管措施被认为是影响信贷增长从而导致经济恢复缓慢的重要原因。[①]

如我国的情况，银行贷款在企业的外部融资结构中所占的比例为90%左右，突出显示了银行在企业的外部融资渠道中所占的地位，因此，由于替代性融资渠道的缺乏，资本结构监管的贷款紧缩效应的研究对我国也具有重要意义。

① 详见 Chiuri，Ferri 和 Majnoni（2001）。

第五章　历史上的今天：花旗银行痛的领悟

2007 年 8 月以来席卷全球的美国次贷危机为我们的分析提供了最新的素材。这场危机向全世界演示了金融危机的形成机制、金融危机的传染机制和货币政策的传导机制，勾画了全球金融市场的微观结构。花旗银行在这场大浩劫中经历了什么样的人生？

（一）"大震荡"辣手摧"花"：次贷风波与银行资本损失

美国次贷危机席卷了全球，出现问题的次级抵押贷款蔓延到了债务抵押债券，从而危及了市政及抵押担保保险公司和再保险公司，进而危及到规模数万亿美元的信贷违约掉期市场，由此引发全球金融动荡，有迹象显示可能引导美国经济陷入衰退期。次级房地产抵押贷款制度、放贷条件的宽松、衍生金融工具的放大效应等被认为是次贷危机的客观原因，应对流动性过剩的货币政策被认为是促成美国次贷危机的人为原因。其传导机制可简要描述为：紧缩货币政策→房地产价格低迷→次级房地产抵押贷款制度传导和放大风险→次级贷款违约率上升→次贷危机→投资次级债的对冲基金等衍生品危机→流动性普遍短缺→股票市场集体跳水。

在 2006 年春季开始就逐步显现的美国次贷危机中，欧美等各大金融机构损失惨重，多家金融机构倒闭。我们选择对花旗集团的季度报表进行分析，见下表。从 2006 年以来的花旗集团 8 个季度的净利润变动情况可以看出，自 2007 年第二季度以来，受次贷危机影响，净利润大幅下降，尤其是在 2007 年第四季度，亏损额达到 98.3 亿美元（2006 年第四季度盈利 51.29 亿美元），每股净亏损 1.99 美元，为自 1998 年以来首次出现季度亏损，也是花旗一百年历史上最高亏损额，次贷资产减记额达到 181 亿美元。

从净利润变动的地区结构来看（见下表），净利润下降主要来源于美国和欧洲地区，其中 2007 年第四季度美国本土地区亏损约占总亏损的 90%；除日本外的其他亚洲地区、墨西哥等的净利润还呈增长态势；从净利润变动的业务结构来看，净亏损的 90% 来自于美国本土的以交易、投资银行和企业信贷产品服务为主的市场银行业务，市场银行业务亏损最多的是证券和银行业务，2007 年第四季度亏损 116.32 亿美元（2006 年第四季度盈利 13.89 亿美元）。另外，美国消费者贷款业务利润损失 2007 年第四季度也达到了 12 亿美元。

表 6　次贷危机期间花旗集团净利润结构变动情况（单位：百万美元）

项目	20061Q	20062Q	20063Q	20064Q	20071Q	20072Q	20073Q	20074Q
Global Consumer	$1,937	$1,962	$2,157	$1,983	$1,640	$1,657	$868	$(624)
Markets & Banking	515	747	540	407	1,039	1,007	(656)	(8,793)
Global Wealth Management	228	290	342	350	361	335	333	387
Global Consumer	358	375	395	477	372	360	244	411
Markets & Banking	78	88	95	85	114	95	125	62
Global Wealth Management	8	10	9	9	12	15	10	9
Total Mexico	444	473	499	571	498	470	379	482
Global Consumer	185	215	213	112	83	148	58	215
Markets & Banking	635	342	489	545	694	803	(25)	(3,374)
Global Wealth Management	3	5	7	8	7	46	4	20
Total EMEA	823	562	709	665	784	997	37	(3,139)
Global Consumer	188	178	79	(326)	45	32	(224)	21
Markets & Banking	85	72	38	77	35	124	(96)	65
Global Wealth Management	–	–	–	–	–	30	60	5
Total Japan	273	250	117	(249)	80	186	(260)	91
Global Consumer	347	359	328	332	383	426	334	606
Markets & Banking	414	336	391	510	561	567	727	723
Global Wealth Management	45	40	38	40	65	74	79	96
Total Asia	806	735	757	882	1,009	1,067	1,140	1,425
Global Consumer	58	88	23	33	70	50	467	92
Markets & Banking	202	138	168	130	218	259	241	366
Global Wealth Management	3	2	3	4	3	14	3	6
Total Latin America	263	228	194	167	291	323	711	464
Net Income	$5,639	$5,265	$5,505	$5,129	$5,012	$6,226	$2,212	$(9,833)

数据来源：花旗银行网站，www. citigroup. com 。

截至2007年年底，花旗集团在次贷危机中损失已达到210亿美元，占股权资本约14%，巨大的损失严重影响了花旗集团的资本充足率，核心资本充足率由2006年年末的8.59%下降为7.1%；资本充足率由2006年年末的11.65%下降到10.9%，见下表。

表7　次贷危机中花旗集团资本充足率变动情况

	核心资本充足率 TIER 1 CAPITAL RATIO	资本充足率 TOTAL CAPITAL RATIO	杠杆率 LEVERAGE RATIO
2006年一季度	8.60%	11.80%	5.22%
2006年二季度	8.51%	11.68%	5.19%
2006年三季度	8.64%	11.88%	5.24%
2006年四季度	8.59%	11.65%	5.16%
2007年一季度	8.26%	11.48%	4.84%
2007年二季度	7.91%	11.23%	4.37%
2007年三季度	7.32%	10.61%	4.13%
2007年四季度	7.12%	10.70%	4.03%
2008年一季度	7.7%	11.2%	4.3%

数据来源：花旗银行网站，www.citigroup.com。

（二）凋零是为了明天的怒放：老兵不死

前面我们分析了资本损失中银行可能采取的资产负债表调整途径：减少风险资产头寸，资产风险结构调整，发行普通股、优先股，发行次级债等长期债券，减少股利发放等。次贷危机带来的巨大损失使得花旗集团资本比率快速下降，花旗集团会有怎样的短期反应，是否也会出现信贷紧缩的现象？我们将通过对花旗银行资产负债表的变动来分析其在次贷危机中的资产负债表调整行为，见下表。

表8　次贷危机中花旗银行资产负债表变动表

	2006－03	2006－06	2006－09	2006－12	2007－03	2007－06	2007－09	2007－12
Assets								
Cash and due from banks (including segregated cash and other deposits)	21411	24311	22543	26514	24421	30635	38226	38206

续表

	2006-03	2006-06	2006-09	2006-12	2007-03	2007-06	2007-09	2007-12
Deposits with banks	33220	35868	33939	42522	44906	70897	58713	69366
Federal funds sold and securities borrowed or purchased under agreements to resell	239552	234390	262627	282817	303925	348129	383217	274066
Brokerage receivables	42569	46162	40970	44445	51976	61144	69062	57359
Trading account assets	328135	327890	351149	393925	460065	538316	581220	538984
Investments	193970	194953	251748	273591	286567	257880	240828	215008
Loans, net of unearned income								
Consumer	462068	480772	488673	512921	519105	551223	570891	592307
Corporate	143239	156313	166709	166271	174239	191701	203078	185686
Loans, net of unearned income	605307	637085	655382	679192	693344	742924	773969	777993
Allowance for loan losses	-9505	-9144	-8979	-8940	-9510	-10381	-12728	-16117
Total loans, net	595802	627941	646403	670252	683834	732543	761241	761876
Goodwill	32933	32910	33169	33415	34380	39231	39949	41204
Intangible assets	15092	15850	15725	15901	19330	22975	23651	22687
Other assets	83517	86276	87975	100936	111562	119116	162159	163950
Total assets	1586201	1626551	1746248	1884318	2020966	2220866	2358266	2182706
Liabilities								
Non-interest-bearing deposits in U. S. offices	37885	38018	36358	38615	39296	41740	38842	40859
Interest-bearing deposits in U. S. offices	176032	177385	183467	195002	198840	196481	211147	225198
Non-interest-bearing deposits in offices outside the U. S.	34323	32981	32721	35149	36328	39132	43052	43335
Interest-bearing deposits in offices outside the U. S.	379118	397421	416732	443275	464057	494408	519809	516838
Total deposits	627358	645805	669278	712041	738521	771761	812850	826230
Federal funds purchased and securities loaned or sold under agreements to repurchase	279540	264494	320095	349235	393670	394143	440369	304243
Brokerage payables	70214	74970	97229	85119	88722	96528	94830	84951
Trading account liabilities	144888	142983	138876	145887	173902	217992	215623	182082
Short-term borrowings	58130	72581	70501	100833	111179	167139	194304	146455
Long-term debt	227165	239557	260089	288494	310768	340077	364526	427112
Other liabilities (2)	64488	70733	72315	82926	82121	105472	108651	98035
Total liabilities	1471783	1511123	1628383	1764535	1898883	2093112	2231153	2069108

续表

	2006－03	2006－06	2006－09	2006－12	2007－03	2007－06	2007－09	2007－12
Stockholders´equity								
Preferred Stock	1000	1000	1000	1000	1000	600	200	0
Common Stock	55	55	55	55	55	55	55	55
Additional paid－in capital	17119	17426	17825	18253	17341	17725	18297	18007
Retained earnings	120703	123497	126544	129267	131395	134932	134445	121920
Treasury stock	－21753	－23199	－24737	－25092	－23833	－22588	－22329	－21724
Accumulated other comprehensive income（loss）	－2706	－3351	－2822	－3700	－3875	－2970	－3555	－4660
Total stockholders´equity	114418	115428	117865	119783	122083	127754	127113	113598
Total liabilities and stockholders´equity	1586201	1626551	1746248	1884318	2020966	2220866	2358266	2182706

数据来源：花旗银行网站，www.citigroup.com。

1. 花旗集团是否会减少股利发送？尤其在2007年第四季度净利润亏损较大幅度的情况下是否考虑不发放股利。从图8可以看出，相比较于每股净利润，花期集团的股利发放比较平稳，在2007年第二季度之前的几个季度每股股利约占每股净利润的50%；即使在2007年第四季度每股净利润达到了历史最高亏损额－1.99美元/股，每股股利已经下降较多（由0.54美元/股下降到0.32美元/股），但仍然通过减少保留利润来发放股利。表明花旗集团在资本遭受重大损失时仍维持股利支付的稳定性、投资者对上市公司的信心的策略。

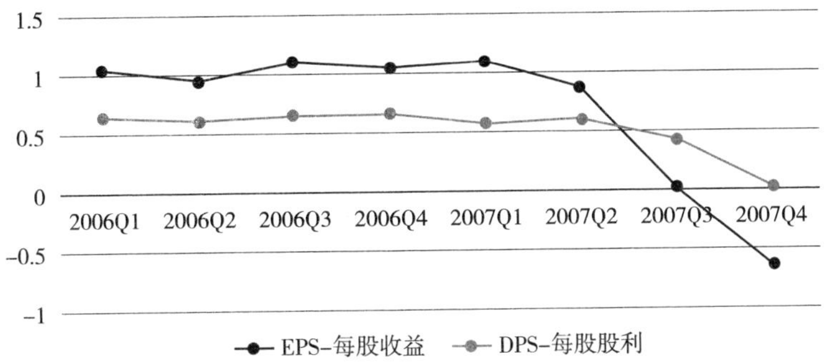

图8　花旗集团每股净利润与每股股利关系

数据来源：花旗银行网站，www.citigroup.com；单位：美元/股

2. 花旗集团是否会通过对外发行股本或长期债券的外源融资方式增加

资本？次贷危机初期，花旗集团曾两次宣布对外融资，2007 年 11 月宣布向阿联酋主权基金阿布扎比投资管理局（ADIA）融资 75 亿美元，2008 年 1 月宣布向新加坡政府投资公司（GIC）等筹集 145 亿美元资本，由于股价大幅下跌后普通股权融资对银行来说已经不具吸引力，融资方式选择发行可转换证券，并计划面向公众发行 20 亿元优先股。从 2007 年第四季度资产负债表看，长期债务增加了 626 亿美元，远高于其他季度增长幅度。

3. 从资产总量来看，第四季度花旗集团减持了 1760 亿美元资产，约占总资产比率的 7.4%；可以对比的是，前面几个季度平均每季度增加 1000 多亿美元资产。从资产结构上来看，主要减少的是联邦基金和交易账户资产等流动性较强的资产。交易账户资产减少 430 亿美元，主要是出售风险显现的非核心资产，如持有的抵押支持证券资产等；联邦基金资产减少了 1092 亿美元，流动性大幅下降。花旗集团在联邦基金市场上是净拆入方，联邦基金资产的减少主要受负债方联邦基金负债的较少，说明次贷危机条件下银行间市场的流动性趋于紧张。

4. 自 2007 年 2 月次贷危机爆发以来，花旗银行是否出现了信贷紧缩现象？根据花旗银行的财务数据可知，存款负债和消费者贷款受到的影响较小，而企业贷款在连续 8 个季度内首次出现了下降 173 亿美元。说明次贷危机可能已蔓延到企业贷款市场，影响到企业的信贷违约率，为美国经济后来进一步陷入衰退做出预兆。

第五篇　诗和远方

硝烟散尽——写在大破局之后

关于房子，我跟大多数人概念不一样。

……

我妈从小就教育我们，不要被一些所谓的财产困住。

所以我跟我妹走遍世界，然后我俩都不买房，就觉得很幸福。

我妈说生活不只是眼前的苟且，还有诗和远方。

我和我妹妹深受这教育。

生活就是适合远方，能走多远走多远；走不远，一分钱没有，那么就读诗，诗就是你坐在这，它就是远方。

越是年长，越能体会我妈的话。

——高晓松《不只房子，还有诗和远方》

脱虚向实，回归金融本质，服务实体经济，

少点杠杆，多点真诚，找回900多年前银行诞生时的初心。

回归诗和远方的理想。

炼金术终结，但银行在继续，杠杆和资本的游戏也不会止步。站在30年对抗的场地上，留下真相和寄望。不要迷惑于眼前的苟且，因为短暂的杠杆游戏不会长久；重新出发，追求诗和远方的田野，通过内源性的资本内生之路才是方向。

第一章 醒来：迷惑于眼前的苟且

回首杠杆与资本之争，我们从“炼金术”的神话中醒来，不再被那些眼前的苟且所迷惑。我们清醒地看见真相：

【真相 I】：追求内心的强大：弱银行最怕严监管！

巴塞尔 III 已进行扫尾实施阶段，但欧盟、美国和亚洲各国的实施路径存在显著的地区差异，这与各国的银行风险管理能力、监管当局态度以及金融市场发展、银行体系以及监管体制特征有关，其中各区域银行的风险管理能力是实施差异的主导因素。对于监管者能力不足、银行风险管理能力较弱、银行资产质量较差的发展中国家来说，实施更加敏感的巴塞尔 III 导致银行资本充足率要求的大幅度提高，增加银行的成本，降低银行的竞争力。

【真相 II】：化被动为主动，资本管理成功的基石

通过对资本充足率约束下银行最优资本决策的理论研究和其他国家银行业资本比率变动的经验分析，银行对资本进行主动管理、外生资本约束内生化是实现有效监管的重要条件，受自身战略、监管约束与市场约束的多重影响，实施主动资本管理的银行其最优资本比率往往高于最低资本充足率要求；处于谨慎性动机资本充足率约束下银行的最优资本比率逆周期性特征明显。

【真相 III】：以人民的名义，钱没有白拿的！

中国银行业国有资本的性质是国家信用担保，早期国家以其声誉“入股”的条件下，国有银行的市场信誉便通过国家声誉来显示，国有银行资本金的多少只具有一定的会计意义；但国家声誉的提供并不是无成本的，扭曲了银行经营的激励约束机制，引起银行大量的坏账，国家在声誉提供成本与改革和真实资本注入成本之间权衡，当声誉提供成本大于注资和改

革成本时，国家会选择对银行进行市场化改革、注入真实资本，并实施以资本充足率为核心的资本结构监管。对中国而言，资本充足率约束能起到的最大作用就是限制银行资产的扩张，随着银行业市场化改革的深入，除防止破产倒闭的功能外，银行资本的其他三种作用将逐步显现。

【真相 IV】：杠杆革命是信贷杀手，这个锅咱不背！

理论分析和国际经验表明，银行资本充足率约束确实能起到限制银行信贷扩张速度的作用，实施初期和受到危机事件影响可能会引起银行的信贷紧缩行为；对微观银行信贷供给的影响程度取决于银行资本充足水平、宏观影响取决于国内资本充足与不足银行数的分布水平，尤其在发展中国家资本充足水平普遍较低的情况下，实施资本结构监管时需要考虑由于银行信贷紧缩给经济造成的不利影响，同时，资本充足率约束并不必然带来了银行资产平均质量的提高，在 1988 年巴塞尔协议下银行有可能偏好高风险的信贷资产，这与不同监管体制要求的激励有关；在巴塞尔 III 下，资产组合风险的水平是否增加已不重要，风险调整的特性使得可以用资本的增加来弥补资产风险的增加。

【真相 V】：革命者的“左倾”惯性

资本结构监管在带来银行系统安全性提高的同时，可能加剧银行的信贷周期性问题。大量的理论和实证研究表明，资本结构监管约束可能是顺周期的，资本结构监管的顺周期机制主要有两个方面：一是银行资本的顺周期性变动带来的信贷顺周期性。在经济上涨时期，银行的资本与利润保持相同的增长速度，支撑信贷资产的增加；而在经济衰退时期，银行利润降低，信贷损失率增加，银行的资本增长速度下降甚至为负，即使存在资本缓冲，但在严重情况下，银行为保持资本充足率要求仍将降低信贷资产增幅甚至降低信贷。二是资本充足率要求的周期性变动所带来的信贷顺周期性，这是银行资产风险权重周期性变动的结果，也是巴塞尔 III 的讨论热点。高级方法的使用将资本要求与信用评级挂钩，风险权重内生化，在经济衰退时期，银行贷款的评级将普遍下调，相应的资本要求上升，信贷进一步紧缩；经济繁荣期，银行贷款的评级将普遍上调，相应的资本要求下降，信贷进一步扩张。

【真相 VI】：没有包治百病的良药！

资本结构监管的顺周期性效应会放大经济中各变量的波动幅度，降低货币政策的效果。货币政策通常是逆经济周期的，经济高增长时期，为了预防和抑制通货膨胀，货币政策的中间目标是收紧银根，减少货币供应量；经济衰退时期，为了预防和抑制通货紧缩，货币政策的中间目标主要是放松银根，扩大货币供应。所以，经济扩张时期，在巴塞尔 III 下，资本结构监管将会使货币政策的紧缩效果减弱；经济衰退时期，资本结构监管将会使货币政策的扩张效果减弱。

第二章 冀望：寻找诗和远方的田野

虽已时隔多年，炼金迷雾背后，杠杆破局时代的我们，仍然要有寄望和梦想，沿着平凡之路，跨越山和大海，去追寻诗和远方的田野……

（一）奔跑吧！重回记忆中的翩翩少年

随着国内银行业的市场化改革和资本结构监管的实施，中国银行业资本比率提高较多，但从量上看，即使已经达到了监管要求的国内银行同国际先进银行相比，资本比率仍然较低；从本质上看，目前国内银行资本比率的大幅提高主要依赖于坏账剥离、政府注资、引进战略投资者、上市融资等政策性外部融资渠道，而不是通过银行风险管理能力提高、盈利能力改善的内源性融资结果。建议，可从以下三个方面提高银行主动资本管理的有效性：一是继续推进银行的市场化改革，深化其公司治理结构，建立激励相容的内部风险控制制度，加强银行业的资本管理实践与培训，通过业绩考核、政策优惠等措施鼓励银行建立自己的风险调整的资本配置体系和基于资本成本的业绩考核系统，提高银行的资本管理能力，加强内外资银行的交流，银行业的风险管理能力的增强是关键；二是营造银行业的竞争环境，完善信息披露制度，通过市场约束的增强来影响银行经营的资本成本，用价格的杠杆促使银行资本管理向主动化、资本约束内生化发展；三是应逐步强化违规惩罚力度，为避免对不同改革进程中的银行实行“一刀切”监管办法，可参考英国和香港地区的差异化资本结构监管制度，考虑对不同规模、不同产权属性、不同管理水平的银行实行不同的监管标准，以提高银行主动资本管理的积极性，深化资本管理水平。

（二）徘徊着！为了明天更好的自己

银行业市场化改革过程中，在内部风险管理能力、监管约束和市场约束有效建立前，资本充足率约束作用有限，过渡期加强对银行的数量型信贷控制政策也是必要的，但需要考虑银行微观动机。比如，目前国内银行通过剥离坏账、政府注资、引进战略投资者和上市融资等外源融资方式补充资本，对外融资的成本约束并没有明确的度量，在资本比率大幅提高，而内在风险管理和约束机制没有建立起来前，可能会导致资本约束暂时无效，银行资产扩张速度加快，容易导致国内的资产价格上涨和通胀压力，并且不利于识别银行资产的风险。因此，在内部风险管理能力、监管约束和市场约束有效建立前，应该制定适合过渡期的资本结构约束政策，通过调研测算等方式找到适合过渡期银行的资本结构临界点，对其资产组合行为适当抑制，比如，可以对于处于股改引资阶段的银行，采取提高资本结构门槛的措施，以免出现资本泛滥下的“突击信贷”行为。

（三）不盲从！倾听内心真实的声音

实施高级方法有一定促进作用，但在银行业资产质量比较差的情况下，实施的结果可能引起银行实际资本充足率要求大幅提高，实施高级方法可能导致银行资本充足率要求的大幅提高，增加银行的成本，降低银行的竞争力。在制定具体细则和标准时，应该考虑国内银行实际风险管理水平情况，还可借鉴英国和香港地区个别资本要求的方案。

（四）不畏惧！办法总比困难多

资本结构监管实施初期具有明显的信贷紧缩效应。在实施资本结构监管的同时，采取逐步实施和从多种途径降低银行的融资成本、补充资本金将有助于分摊和降低资本结构监管实施的社会成本。为了降低资本结构监管的实施对经济的紧缩性影响，可以采取以下两条措施：一是资本结构监管的分阶段渐进实施，使得每年分摊的社会成本较低，以减轻对每年经济增长的压力；二是降低银行的融资成本或者直接向银行体系注资，缓解银行实施资本协议的资本压力，从源头上打破“信贷紧缩”的传导链条，降低资本结构监管的社会成本。

（五）不迷信！兼听则明，避开那片季风

资本结构监管具有顺周期性，资本结构监管的顺周期性效应会放大经济中各变量的波动幅度，降低货币政策的效果。随着银行业市场化改革进一步开展，银行行为的市场化将更加明显，银行目标和约束条件改变的情况下，货币政策包括信贷政策对银行信贷的直接控制力将下降，货币政策的效果也可能被弱化，尤其是在我国资本市场发展较落后、企业融资大部分依赖于银行信贷的情况下。货币当局制定货币政策时可采取积极型货币政策规则，制定货币政策时对资本结构监管做出反应，将商业银行的资产负债表状况纳入考虑变量。

（六）摔跤吧！朝着最优目标不顾一切

监管要求是否需要周期性的变动来降低监管要求可能加剧的信贷周期性影响？即在经济下滑时期，监管当局应当放松对银行的资本要求；在经济扩张期，则应当加强对银行的资本要求。这涉及到资本结构监管和货币政策的协调问题，取决于监管者和货币政策制定者的目标以及对经济周期状态的判断一致性。监管者和货币政策制定者的目标（银行系统稳定性与经济周期平滑性）并不完全一致，经济下滑期间，企业违约风险增加，为控制风险、保持银行系统的稳定性，监管者会倾向于提高资本要求，而为刺激经济的恢复，货币政策制定者希望降低资本要求；经济扩张期间，银行利润增加，会倾向于降低资本比率，为防止经济过热，货币政策制定者希望提高资本要求限制银行的信贷资产扩张速度。

（七）不止步！改革者永远年轻充满活力

深化金融体制改革，继续改变企业外部融资过度依赖银行信贷和政府

对银行放贷的控制，大力发展健康、良性资本市场和其他有效直接融资市场，使企业融资渠道逐步多元化，银行信贷和经济波动的相关性将减弱，有助于熨平中国的经济波动。

结语，套用著名经济学家华生老师名言，“站在去杠杆改革第一阶段攻坚战硝烟弥漫的阵地上，展望中国银行市场魅力无限和更加美好的未来，我们显然已经不再需要用悲壮和哲理来鼓舞士气，而是更加需要登高望远的眼光和脚踏实地的建设。”

梦想要有的，万一实现了呢！

参考文献

中文参考文献

[1] 巴曙松. 巴塞尔新资本协议研究 [M]. 北京：中国金融出版社，2003.

[2] 巴曙松，牛播坤，向坤. 巴塞尔新资本协议实施路径的国际差异比较及其发展趋势 [J]. 国际金融研究，2006，4：52-59.

[3] 白钦先，郭纲. 关于我国政策性金融理论与实践的再探索 [J]. 财贸经济，2000，10：21-26.

[4] 蔡辉明. 金融加速器与中国经济波动 [A]. 见：北京大学中国经济研究中心宏观组. 预防通货紧缩和保持经济较快增长研究 [C]. 北京：北京大学出版社，2005：32-55.

[5] 杜清源，龚六堂. 带"金融加速器"的 RBC 模型 [J]. 金融研究，2005，4：16-30.

[6] 高善文. 在周期的拐点上：从数据看中国经济的波动，北京：中国发展出版社，2006.

[7] 龚刚，林毅夫. 过度反应—中国经济"缩长"之解释 [J]. 经济研究，2007，4：53-66.

[8] 龚朴，冯鹏熙，孙荟. 我国商业银行资产负债管理逆向选择效应的实证研究 [J]. 国际金融研究，2005，12：12-18.

[9] 顾六宝，肖红叶. 中国消费跨期替代弹性的两种统计估算方法 [J]. 统计研究，2004，9：8-11.

[10] 黄宪，马理，代军勋. 资本充足率监管下银行信贷风险偏好与选择 [J]. 金融研究，2005，7：95-103.

[11] 黄颐琳. 中国经济周期特征与财政政策效应——个基于三部门 RBC 模型的实证分析 [J]. 经济研究，2005，6：27-39.

[12] 蒋瑛琨，刘艳武，赵振全. 货币渠道与信贷渠道传导机制有效性的实证分析一兼论货币政策中介目标的选择 [J]. 金融研究，2005，5：70-79.

[13] 李斌. 中国货币政策有效性的实证研究 [J]. 金融研究，2001，7：10-17.

[14] 李扬，彭兴韵. 存款准备金与资本充足率监管的货币政策效应 [J]. 财经理论与

实践，2005，5：11－17.
［15］李雅珍，郭斌．商业银行资本充足性管制的有效性［J］．财贸经济，2001，8：30－33.
［16］李志辉．中国银行业风险控制和资本充足性管制研究［M］．北京：中国金融出版社，2007.
［17］刘斌．资本充足率对我国贷款和经济影响的实证研究［J］．金融研究，2005，11：18－30.
［18］刘斌．资本充足率对信贷、经济及货币政策传导的影响［J］．金融研究，2005，8.
［19］刘斌．稳健的最优简单货币政策规则在我国的应用［J］．金融研究，2006，4：12－23.
［20］卢锋，姚洋．金融压抑下的法制、金融发展和经济增长［J］．中国社会科学，2004，1.
［21］陆军，钟丹．泰勒规则在中国的协整检验［J］．经济研究，2003，8：20－31.
［22］陆前进，卢庆杰．中国货币政策信贷传导渠道的有效性分析—基于商业银行与企业融资方式可替代性研究［J］．南大商学评论，2007，1：23－37.
［23］盛昭晖．中国货币政策传导渠道效应分析：1994～2004［J］．金融研究，2006，7：22－29.
［24］斯蒂格利茨（Joseph E. Stiglitz），格林沃尔德（Bruce Greenwald）著．陆磊，张怀清译．通往货币经济学的新范式［M］．北京：中信出版社，2005.
［25］孙明春．货币政策的困境［J］．国际金融研究，2008，1：38－42.
［26］谭文．商业银行的资本充足率监管对货币政策的影响［D］．上海：上海财经大学，2005.
［27］唐国储，李选举．新巴塞尔协议的风险新理念与我国国有商业银行全面风险管理体系的构建［J］．金融研究，2003，1：46－54.
［28］王恬，周建东．资本结构监管与中国商业银行的信用风险定价［M］．北京：中国金融出版社，2006.
［29］卫新江．金融监管学［M］．北京：中国金融出版社，2005.
［30］武剑，王健．新资本协议中违约概率模型的研究与应用［J］．世界经济，2003，9：17－22.
［31］温信祥．银行资本结构监管对信贷供给的影响研究［J］．金融研究，2006，4：61－70.
［32］谢平，罗雄．泰勒规则及其在中国货币政策中的检验［J］．经济研究，2002，3：3－12.

[33] 许伟. 银行信贷与中国经济波动：1994～2005 [R]. 第七届中国经济学年会论文，2007.
[34] 易纲，赵先信. 中国银行竞争：机构扩张、工具创新与产权改革 [J]. 经济研究，2001，8：25-32.
[35] 张杰. 转轨经济中的国有银行呆账 [J]. 金融研究，1999，5：35-41.
[36] 张杰. 转轨经济中的金融中介及其演进：一个新的解释框架 [J]. 管理世界，2001，5：90-100.
[37] 张杰. 中国国有银行的资本金谜团 [J]. 经济研究，2003，1：30-36.
[38] 张军，吴桂英，张吉鹏. 中国省际物质资本存量估算：1952-2000 [J]. 经济研究，2004，10：35-44.
[39] 张丽华. 我国商业银行资本充足率现状及提高比率的路径选择 [J]. 金融研究，2004，10：69-76.
[40] 张屹山，张代强. 前瞻性货币政策反应函数在我国货币政策中的检验 [J]. 经济研究，2007，3：20-32.
[41] 周英章，蒋振声. 货币渠道、信用渠道与货币政策有效性——中国1993-2001年的实证分析和政策含义 [J]. 金融研究，2002，9：34-43.
[42] 张小曼，安立仁，基于动态调整的我国上市银行资本结构及其影响因素研究 [J]，金融经济，2014 年，第 4 期，142-144。
[43] 郑祥风，中国上市公司动态最优资本结构的理论模型 [J]，中国管理科学，2015 年第 3 期，47-54。

英文参考文献

[44] Abel Elizaldea, Rafael Repullob. Eeonomic and Regulatory Capital in Banking: What is the difference? [R]. Working Paper, 2007.
[45] Akhavein, J. D., Berger, A. N., Humphrey, D. B, The effects of bank megamergers on efficieney and Prices: Evidence from the profit function [J]. Review of Industrial Organization, 1997, 11: 95-139.
[46] Alan J. Marcus. The Bank Capital Decision: A Time Series - Cross Seetion Analysis [J]. The Journal of Finance, 1984, 38. No. 4, PP. 1217-1232.
[47] Alejandro Micco, Ugo Panizza. Bank ownership and lending behavior [J]. Eeonomics Letters, 2006, 93: 248-254.
[48] Alfon, Argimon, Baseunana - Ambros, What Determines How Much Capital is held by UK Banks and Building Societies? [R]. FSA Occasional Paper, Financial Services Authority, 2004.

[49] Alistair MIlney, A. Elizabeth Whalley. Bank Capital Regulation and Incentives for Risk - Taking [R]. Bank of England Working Paper Series No. 90, 2001.

[50] Allen N. Berger, Richard J. Herring, Giorgio P. Szegö. The role of capital in financial institutions [J]. Journal of Banking & Finance, 1995, 19: 393 - 430.

[51] Allen N. Berger. The Relationship between Capital and Earnings in Banking [J]. Journal of Money, Credit and Banking, 1995, 27 (2): 432 - 456.

[52] Almazan, Andres. A model of competition in banking: Bank capital versus expertise [J]. Journal of Financial Intermediation, 2002, 11: 87 - 121.

[53] Anil K Kashyap, Jeremy C. Stein. Cyclical Implications of the Basel Ⅱ Capital Standards [R]. University of Chicago Working Paper, 2003.

[54] Arturo Estrella. The Cyclical Behavior of Optimal Bank Capital [R]. Federal Reserve Bank of New York Working Paper, 2004.

[55] Atta - Mensah J., Dib A. Banking Lending, Credit Shocks, and the Transmission of Canadian Monetary Policy [J]. International Review of Economics and Finance, 1 - 17, 2006.

[56] Aurelio Maccario, AndreaSironi, CristianoZazzara. Is Banks' Cost of Equity Capital Different Across Countries? Evidence from the G10 Countries Major Banks [R]. SDA Bocconi Research Division Working paper, No. 02 - 77, 2002.

[57] Basu, S. Intermediate goods and business cycles: Implications for productivity and Welfare [J]. Ameriean Economic Review, 1995, 85: 512 - 531.

[58] Ben S. Bernanke, M. Gertler. Inside the Black Box: The Credit Channel of Monetary policy Transmission [J]. Journal of Economie perspectives, 1995, 9 (4): 2748.

[59] Ben S. Bernanke, M. Gertler, S. Gilchrist. The Financial Accelerator in A Quantitative Business Cycle Framework [A]. in: J. B. Taylor, M. Woodford. Handbook of Macroeconomies [M]. 1999, 1: 1341 - 1393.

[60] Ben S. Bernanke. The Implementation of Basel Ⅱ: Some lssues for Cross - Border Banking [R]. Speech at the Institute of International Bankers, Annual Breakfast Dialogue, Washington, 2004.

[61] Ben S. ernanke, Cara S. Lown. The credit crunch [R]. Brooking papers on Economic Activity, No. 2, 1991.

[62] Ben S. Bernanke, the Financial Accelator and the Credit Channel [R]. FRB Speeches, June 15, 2007.

[63] Berger, Allen, Herring, Richard, Szego, Giorgio. The role of Capital in financial institutions [J]. Journal of Banking and Finance, 1995, 19: 393 - 430.

[64] Besanko, David, Kanatas, George. The regulation of bank Capital: Do Capital standards promote bank safety? [J]. Journal of Financial Intermediation, 1996, 5: 160 - 183.

[65] BIS. Capital Requirements and Bank Behavior: The Impact of the Basle Accord [R]. BIS Working papers, No. 1, 1999.

[66] BIS. International Convergence of Capital Measurement and Capital Standards: A Revised Framework [J] www. bis. org/publ/bcbs107. htm , 2004

[67] Blum. Do Capital adequacy requirements reduce risks in banking? [J]. Journal of Banking and Finance, 1999, 23: 755 - 771.

[68] Bojan Markovie. Bank Capital Channels in the Monetary Transmission Mechanism [R]. Bank of England Working paper, No. 313, 2006.

[69] Boot, Arnoud, Marine, Matej. Competition and entry in banking: lmplications for Stability and Capital Regulation [R]. Tinbergen Institute Discussion paper TI, 2006 - 015/2, January 22.

[70] Bradley, Michael, Wambeke, Carol, Whidbee, David. RISkweights, risk - based capital,

[71] And deposit insurance [R]. Journal of Banking and Finance, 1991, 15: 875 - 893.

[72] Calem, Paul, Rob, Rafeel. The impact of capital - based regulationon bank risk - taking [R]. Journal of Financial Intermediation, 1999, 8: 317 - 352.

[73] Calomiris, Charles, Kahn, Charles. The role of demandable debt instructuring optimal banking arrangements [J]. Ameriean Economic Review, 1991, 81: 497 - 513.

[74] Campbell, Tim, Chan, Yuk - Shee, Marino, Anthony. An incentive - based theory of bank regulation [J]. Journal of Financial Intermediation, 1992, 2: 255 - 276.

[75] Carey, Mark. A guide to choosing absolute bank Capital requirements [J]. Journal of Banking and Finance, 2002, 26: 929 - 951.

[76] Carlo A. Favero. The Transmission Mechanism of Monetary policy in Europe: Evidence from Banks' Balance Sheets [R]. NBER Working paper series, No. 7231, 1999.

[77] Cecchetti. Do Capital Adequacy Requirements matter for monetary policy? [R]. NBER-working paper, No. 11830, 2005.

[78] Christian Merkl, Stephanie Stolz. Banks Regulatory Buffers, Liquidity Networks and Monetary policy Transmission [R]. Deutsche Bundes bank Discussion paper Series2: Banking and Financial Studies, No. 06, 2006.

[79] Christoph Memmel, peter Raupach. How Do Banks Adjust Their Capital Ratios? Evidence from Germany [R]. Deutseche Bundesbank Working paper. 2005.

[80] CIarida, Richard, Jordi Gali, Mark Gertler. Monetary policy Rules inpracts: Some International Evidence [R]. NBER Working Paper, No. 6254, 1997.

[81] CIarida, Richard, Jordi Gali, Mark Gertler. Monetary policy Rules and Macroeconomic Stabiiity: Evidence and Some Theory [J]. The Quarterly Journal of Economies, 2000, 115 (1): 147 - 166.

[82] Cooper, R., Ejarque, J. Financial Intermediation and Aggregate Fluetuations: A Quantitative Analysis [J]. Journal of Macroeconomics, 2000, 4: 423 - 447.

[83] Cooper, Russell, Ross, Thomas Bank runs, deposit insurance, and capital requirements [J]. International Economic Review, 2002, 43: 55 - 71.

[84] Cordell, Lawrence, King, Kathleen Kuester. A market evaluation of the risk - based capital standards for the US fanancial system [J]. Journal of Banking and Finance, 1995, 19: 531 - 562.

[85] Cuoeo, Domenjeo, Liu, Hong. An analysis of VAR - based capital requirements [J]. Journal of Financial Intermediation, 2006, 15: 362 - 394.

[86] David Vanhoose. Theories of Bank Behavior under Capital Regulation [J]. Journal of Banking & Finance, 2007, 31: 3680 - 3697.

[87] Decamps, Jean - Paul, Roehet, Jean - Charles, Roger, Benoit. The three pillars Basel Ⅱ: Optimizing the mix [J]. Journal of Financial Intermediation, 2004, 13: 132 - 155.

[88] Diamond, Douglas, Dybvig, Phillip. Bank runs, deposit insuranee, and liquidity [Jl. Journal of political Economy, 1983, 91: 401 - 419.

[89] Diamond, Douglas, Rajan, Ragharam. Liquidity risk, Liquidity creation, and Financial.

[90] Fragility: A theory of banking [J]. Journal of political Economy, 2001, 109: 287 - 327.

[91] Diamond, Douglas, Rajan, Raghuram. A theory of bank capital [J]. Journal of Finance, 2000, 55: 2431 - 465.

[92] Diamond, Douglas. Financial intermediation and delegated monitoring [J]. Review of Economic Studies, 1984, 51: 393 - 414.

[93] Diamond, Douglas. Monitoring and regulation: The choice between bank loans and directly placed debt [J]. Journal of political Economy, 1991, 99: 689 - 721.

[94] Diemo Dietrich, Uwe Vollmer. Why do banks hold capital in excess of regulatory requirements? A functional approach [R]. Halle Institute for Economic Research Working Paper, 2005.

[95] Diemo Dietrich, Uwe Vollmer. Determinants of a Bank' s Capital Structure [R]. Halle Institute for Economic Research Working Paper, 2003.

[96] Douglas Gale, OnurAOzgAur. Are Bank Capital Ratios Too High or Too Low? Risk A-version, Incomplete Markets, and Optimal Capital Structure [R]. New York University Working paper, 2004.

[97] Douglas W. Diamond, Raghuram G. Rajan. A Theory of Bank Capital [J]. The Journal of Finance, 2000, 55 (6): 2431 -2465.

[98] Dowd, Kevin. Bank capital adequacy versus deposit insuranee [J]. Journal of Financial Services Research, 2000, 17: 7 -15.

[99] E. Gerald Corrigan. Are Banks Special? [R]. Minneapolis FRB Annual Report Essay, 1982.

[100] Ernst & Young. Globral Basel Ⅱ Survey: The Business Impact [R]. Global Financial Services Risk Management Research paper, 2006.

[101] Estrella, Arturo. Bank capital and risk: Is voluntary disclosure enough? [J]. Journal of Financial Services Research, 2004, 26: 145 -160.

[102] Eva Catarineu - Rabell, Patrieia Jaekson, Dimitrios P. Tsomocos. Proeyelieality and the new Basel Accord - banks, choice of loan rating system [R]. University of Pompeu Fabra Working paper, 2002.

[103] Fabian Valeneia. Basel Ⅱ and Business Cycles [R]. The Johns Hopkins University Working paper, 2006.

[104] Franceseo Avaek, Sandrine Levasseur. The Determinants of CapitaI Buffersin CEECs [R]. OFCE Working paper, No. 2007 -28, 2007.

[105] Frank Heid. Cyclical implications of minimum capital Requirements [R]. Deutsche Bundes bank, Discussion paper Series N0. 06, 2005.

[106] Furlong, Frederick, Keeley, Michael. Capital regulation and bank risk - taking: A note [J]. Journal of Banking and Finance, 1989, 13: 883 -891.

[107] G. J. de Bondt, H. M. Prast. Bank capital ratios in the 1990s: cross - Country Evidence [R]. De Nederlands the Bank Research Memorandum WO & E No. 603, 1999.

[108] Gennotte, Gerard, Pyle, David. Capital controls and bank risk [J]. Journal of Banking and Finance, 1991, 15: 805 -824.

[109] Godlewski, Christophe J. Capital Regulation and Credit Risk Taking: Empirical Evidence from Banks in Emerging Market Economics [R]. Working paper available at SSRN: http: //ssrn. com/abstract =588163, 2004.

[110] Harald Uhlig. A toolkit for analysing nonlinear dynamic stochastic models easily [R]. Working paper, 1999, www2. wiwi. hu – berlin. de.

[111] Hu Zuliu. Intertemporal Substitution Consumption Revisited [R]. IMF, Working Paper, WP/93/26, 1993.

[112] Ian Christensen, Ali Dib. Monetary Policy in an Estimated DSGE Model with a Financial Accelerator [R]. Bank of Cananda Working paper, No. 9, 2007.

[113] Isaac Alfon, Isabel Argimon, Patrieia Bascunana – Ambros. How Individual Capital Requirements Affect Capital Ratios in UK Banks and Building Societies [R]. Documents de Trabajo. No. 0515, 2005.

[114] Jaap Bikker, Paul Metzemakers. Is bank capital procyclical? A cross – country analysis [R]. DNB Working Paper, No. 9, 2004.

[115] Jan Hanousek. Banking passivity and Regulatory Failure in Emerging Markets: Theory and Evidence from the Czech Republic [R]. CERGE – E Working Paper, 2001.

[116] Jim Wong, Ka – fai Choi, Tom Fong. Determinants of the Capital Level of Banks in Hong Kong [R]. Hong Kong Monetary Authority Working Paper, 2005.

[117] John P. Harding, Xiaozhing Liang, Stephen L. Ross. The Optimal Capital Structure of Banks: Balancing Deposit Insurance, Capital Requirements and Tax – advantaged Debt [R]. University of Connecticut Working paper Series, No. 29, 2007.

[118] Joseph P. Hughes, William W. Lang, Choon – Geol Moon, Michael5. pagano. Managerial Incentives and the Efficiency of Capital Structure in US. Commercial Banking [R]. Rutgers University Working paper, No. 200102, 2003.

[119] Juan Ayuso, Daniel Perez, Jesus Saurina. Are Capital Buffers Procyclical? [R]. Baneo de Espana Working paper, 2002.

[120] Jurg Blum, Do Capital Adequacy Requirements Reduce Risks in Banking? [J]. Journal of Banking & Finance, 1999, No. 5, pp. 755 – 771.

[121] Kaoru Hosono. The Transmission Mechanism of Monetary policy in Europe: Evidence from Banks' Balance Sheets [J]. Journal of the Japanese and International Economics, 2006, 20: 380 – 405.

[122] Kashyap A., J. Stein. Monetary policy and Bank Lending [A]. In: N. G. Mankiw. Monetary policy [R]. NBER, 221 – 262, 1994.

[123] Kentaro Iwatsubo. Bank capital shocks and portfolio risk: Evidence from Japan [J]. Japan and the World Economy, 2007, 19: 166 – 186.

[124] Kevin T. Jacques. An Application of Unit Root Tests with a Structural Break to Risk – Based Capital and Bank portfolio Composition [J]. Southern Economic Journal,

2003, 69 (4): 978 -989,

[125] KevinT. Jacques. Capital shocks, bank asset allocation, and the revised Basel Accord [R]. Review of Financial Economics, 2007.

[126] Kim, J. Constructing and Estimating a Realistic Optimizing model of monetary policy [J]. Journal of Monetary Economies, 2000, 45: 329 -359.

[127] Kjersti - Gro Lindquist. Banks' buffer capital: how important is risk [J]. Journal of International Money and Finance, 2004, 23: 493 -513.

[128] Lawrence Christiano, Roberto Motto, Massimo Rostagno. Shocks, Structures or Monetary policies? The Euro Area and US after 2001 [R]. ECB Working Paper, No. 774, 2007.

[129] Leonardo Gambaeorta, Paolo Emilio Mistrulli. Does bank capital affect lending behavior? [J]. Journal of Financial Intermediation, 2004, 13: 436 - 457.

[130] M. Ershad Hussain and M. Kabir Hassan. Basel Capital Requirements and Bank Credit Risk Taking In Developing Countries [R]. University of New Orleans Working Paper, 2005.

[131] Maria Concetta Chiuri, Giovanni Ferri, Giovanni Majnoni. The Macroeconomic lmpact of Bank Capital Requirements in Emerging Economies: Past Evidence to Assess the Future [R]. World Bank Working paper, 2001.

[132] Mario Catalan, Eduardo J. J. Ganapolsky. Cyclical Implications of Changing Bank Capital Requirements in a Macroeconomic Framework [R]. IMF Working paper No. 168, 2005.

[133] Mark Aguiar, Gita Gopinath. Emerging Market Business Cycles: The Cycle is the Trend [J]. The Journal of political Economy, 2007, 115 (1): 69 -101.

[134] Mark Illing, Graydon Paulin. Basel Ⅱ and the Cyclicality of Bank Capital [J]. Canadian public policy / Analyse de Politiques, 2005, 31 (2): 161 -180.

[135] Mark J. Flannery, Kasturip. Rangan. What Caused the Bank Capital Build - up of the 1990s? [R]. FDIC Center for Financial Research Working paper, NO. 2004 - 03, 2004.

[136] Mark W. Olson. Are banks still special? [R]. Speech at the Annual Washington Conference of the Institute of International Bankers, Washington, 2006.

[137] Mark W. Olson. Basel Ⅱ: Its Implications for Second - Tier and Community - Size Banks [R]. Speech at the 2003 Banking Institute, Center for Banking and Finance, University of North Carolina.

[138] Martin Cihak and Richard Podpiera. Bank Behavior in Developing Countries: Evidence

from East Afriea [R]. IMF Working paper, WP /05 /129, 2005.
[139] Michael B. Gordy, Bradley Howells. Procyclicality in Basel Ⅱ: Can We Treat the Disease without killing the patient? [R]. Board of Governors of the Federal Reserve System Working paper, 2004.
[140] Miguel Boueinha. The Determinants of Portuguese Banks' Capital Buffers [R]. Estudose Doeumentos de Trabalho Working papers, No. 2008 - 01, 2008.
[141] Milan Matejasak, Petr Teply. Regulation of Bank Capital Regulation Capital and Bchavior of Banks: Assessing the US and the EU - 15 Region Banks in the 2000 - 2005 period [R]. IES Working paper, No. 23, 2007.
[142] Misa Tanaka. How do Bank Capital and Capital Adequacy Regulation Affect the Monetary Transmission Mechanism? [R]. CESIFO Working paper, NO. 799, 2002.
[143] Per Hortlund. The Long - Term Relationship between Capital and Earnings in Banking [R]. SSE/EFI Working Paper Series in Economics and Finance, NO. 611, 2005.
[144] Rafael Repullo, JavierSuarez. The Procyclical Effects of Basel Ⅱ [R]. CEMFI and CEPR manuscript, 2007.
[145] Rafael Repullo, JavierSuarez. The Procyclical Effects of Basel Ⅱ [R]. The Collegio Carlo Alberto Working Paper, 2007.
[146] Roger W. Ferguson. Basel Ⅱ: Some lssues for Implementation [R]. Speech at the
[147] Basel Sessions, Institute of International Finance, New York, 2003.
[148] Samu Peura, Jussi Keppo. Optimal bank capital with costly recapitalization [R]. Workingpaper, 2005,
[149] Sinan Cebenoyan, Philip E. Strahan. Riskmanagement, capital structure and lending at banks [J]. Journal of Banking & Finanee, 2004, 28: 19 - 43.
[150] Skander J. Van den Heuvel. Does Bank Capital Matter for Monetary Transmission [R]. FRBNY Economic Policy Review, May 2002, 259 - 265.
[151] Skander J. Van den Heuvel. The Bank Capital Channel of Monetary Policy [R]. The Wharton School University of Pennsylvania Working paper, 2004.
[152] Stephany Griffith - Jones, Avinash Persaud. The political Economy of Basel Ⅱ and lmplications for Emerging Economics [R]. University of Sussex Working paper, 2003.
[153] Stephen G. Cecchetti. Does Capital Adequacy Requirements matter for monetary policy? [R]. NBER Working paper, No. 11830, 2005.
[154] Susan Schmidt Bies. An Update on Basel Ⅱ Implementation in the United States [R]. Speech at the Global Association of Risk Professionals Basel Ⅱ Summit, New York, 2007.
[155] Terhi Jokipii, Alistair Miine. The Cyclical Behaviour of European Bank Capital Buffers

[R]. Journal of Banking & Finance, Accepted Manuseript, 2007.

[156] Volker Kleff, Martin Weber. How Do Banks Determine Capital? Evidence from Germany [R]. Centre for European Economic Research Working paper, 2004.

[157] Wendy Dobson and Anil Kashyap. The contradiction in China' s gradualist banking reforms [R]. Paper for Brookings Panel on Economic Activity, 2006.

[158] Yuzo Honda. Bank Capital Regulations and the Transmission Mechanism [J]. Journal of policy Modeling, 2004, 26: 675 -688.

[159] Zimmer, Steven A., RobertN. Mccauley. Bank Cost of Capital and International Competition [R]. Federal Reserve Bank of New York Quarterly Review, No. 33 - 59, 1999

图书在版编目（CIP）数据

大破局：资本内生 VS 杠杆革命 / 宋光磊著. -- 北京：经济日报出版社，2017.6

ISBN 978-7-5196-0150-8

Ⅰ. ①大… Ⅱ. ①宋… Ⅲ. ①商业银行-资本管理-研究-中国 Ⅳ. ①F832.33

中国版本图书馆 CIP 数据核字（2017）第 131067 号

大破局——资本内生 VS 杠杆革命

作　者	宋光磊
责任编辑	温　海
出版发行	经济日报出版社
社　址	北京市西城区白纸坊东街 2 号
邮政编码	100054
电　话	010-63567684（总编室）　63588446（发行部）
网　址	www.edpbook.com.cn
E-mail	edpbook@126.com
经　销	全国新华书店
印　刷	北京鑫瑞兴印刷有限公司
开　本	710×1000 mm　1/16
印　张	11.75
字　数	178 千字
版　次	2017 年 7 月第一版
印　次	2017 年 7 月第一次印刷
书　号	ISBN 978-7-5196-0150-8
定　价	42.00 元